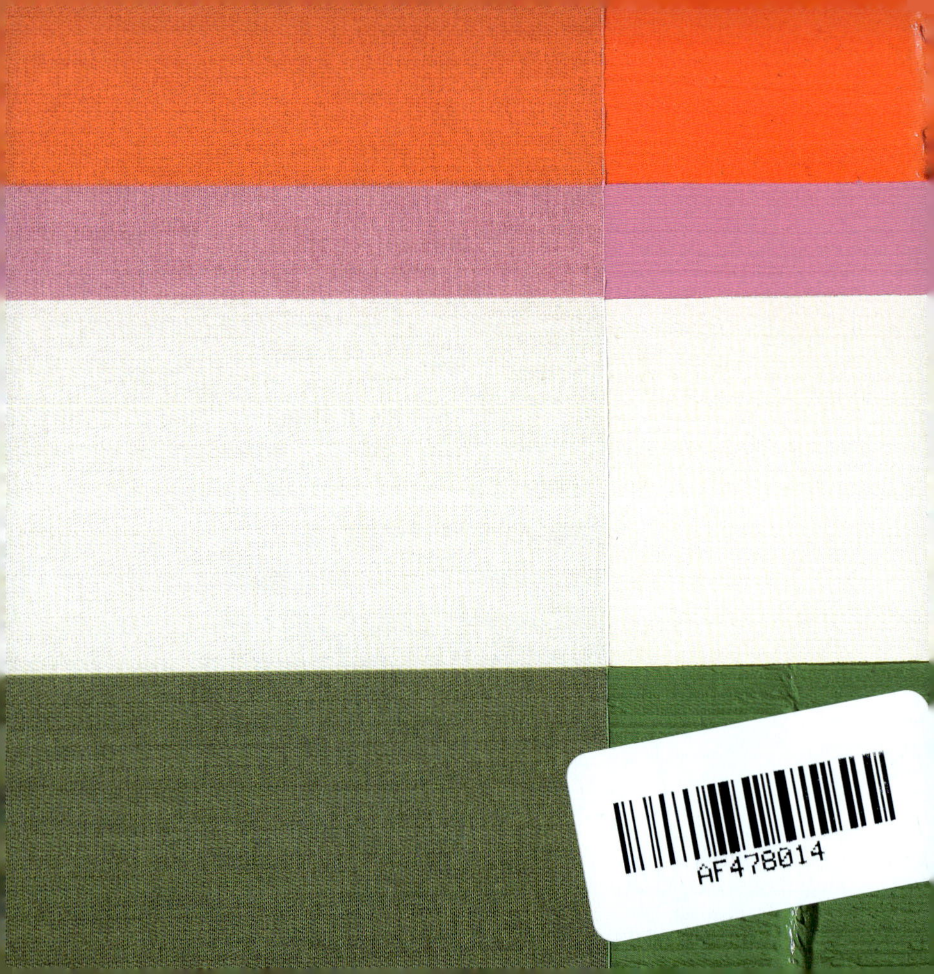

Bertrand Lavier
Stresa n.1

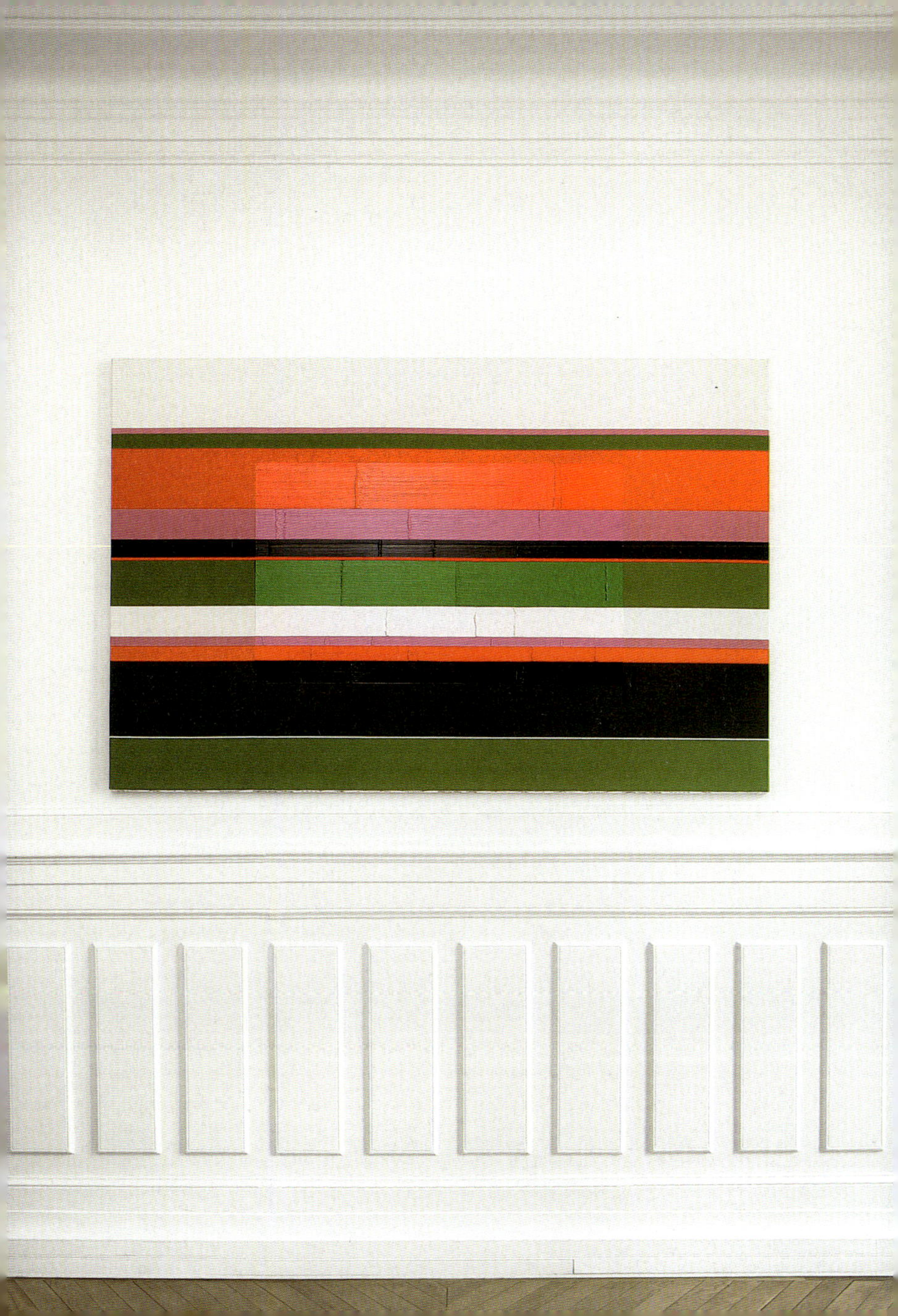

Niele Toroni

J'ai deux amours, mon pays et Paris

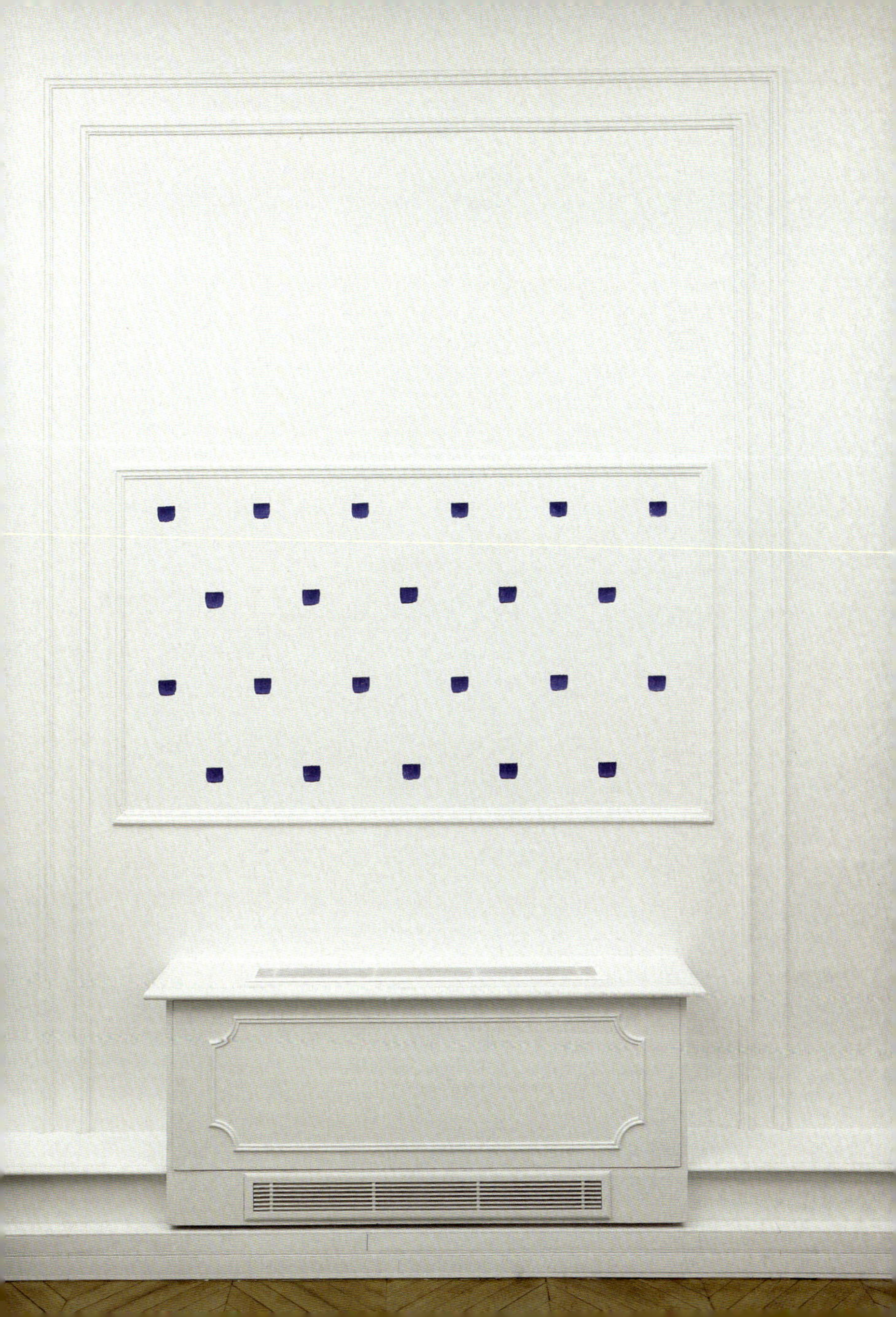

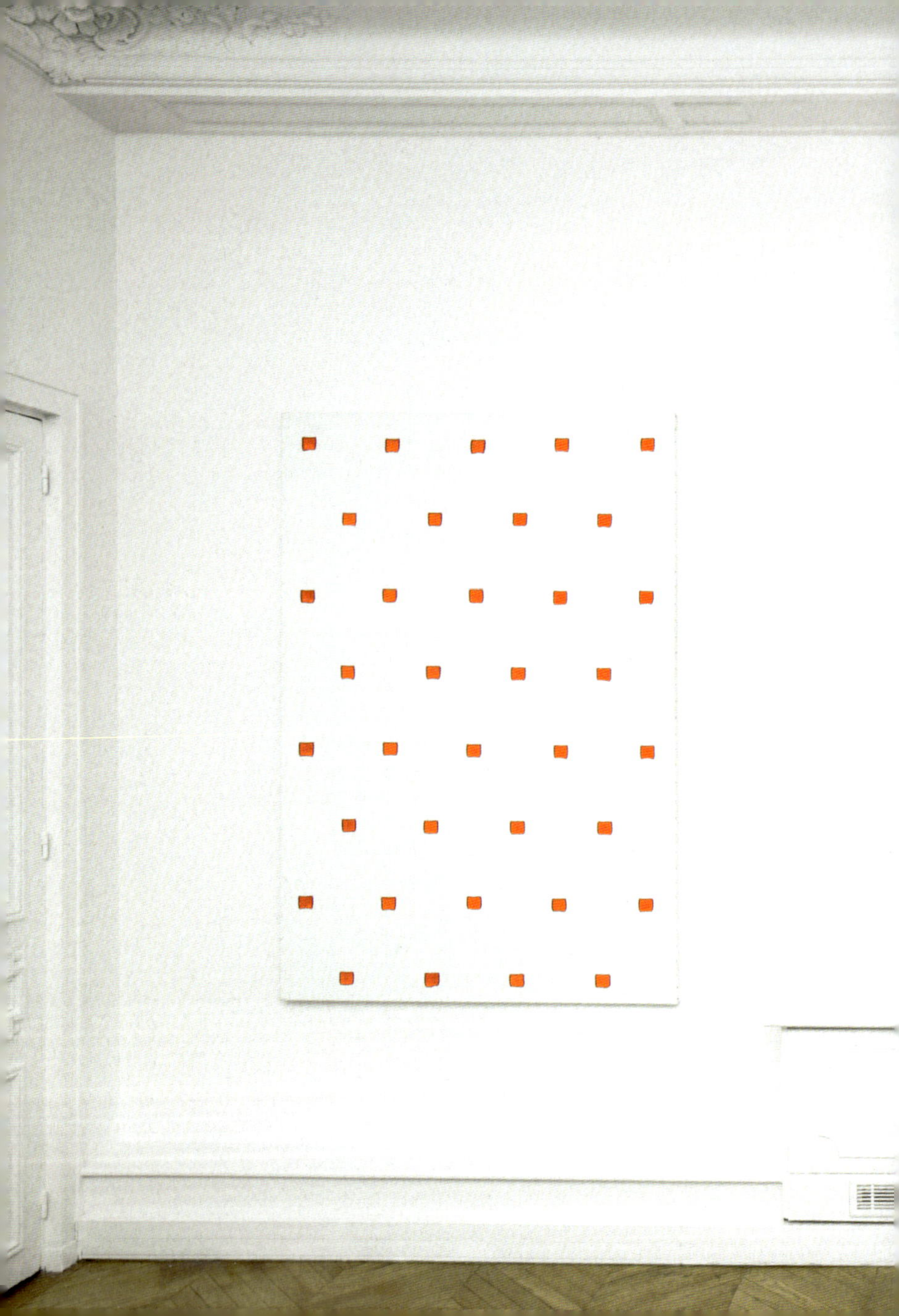

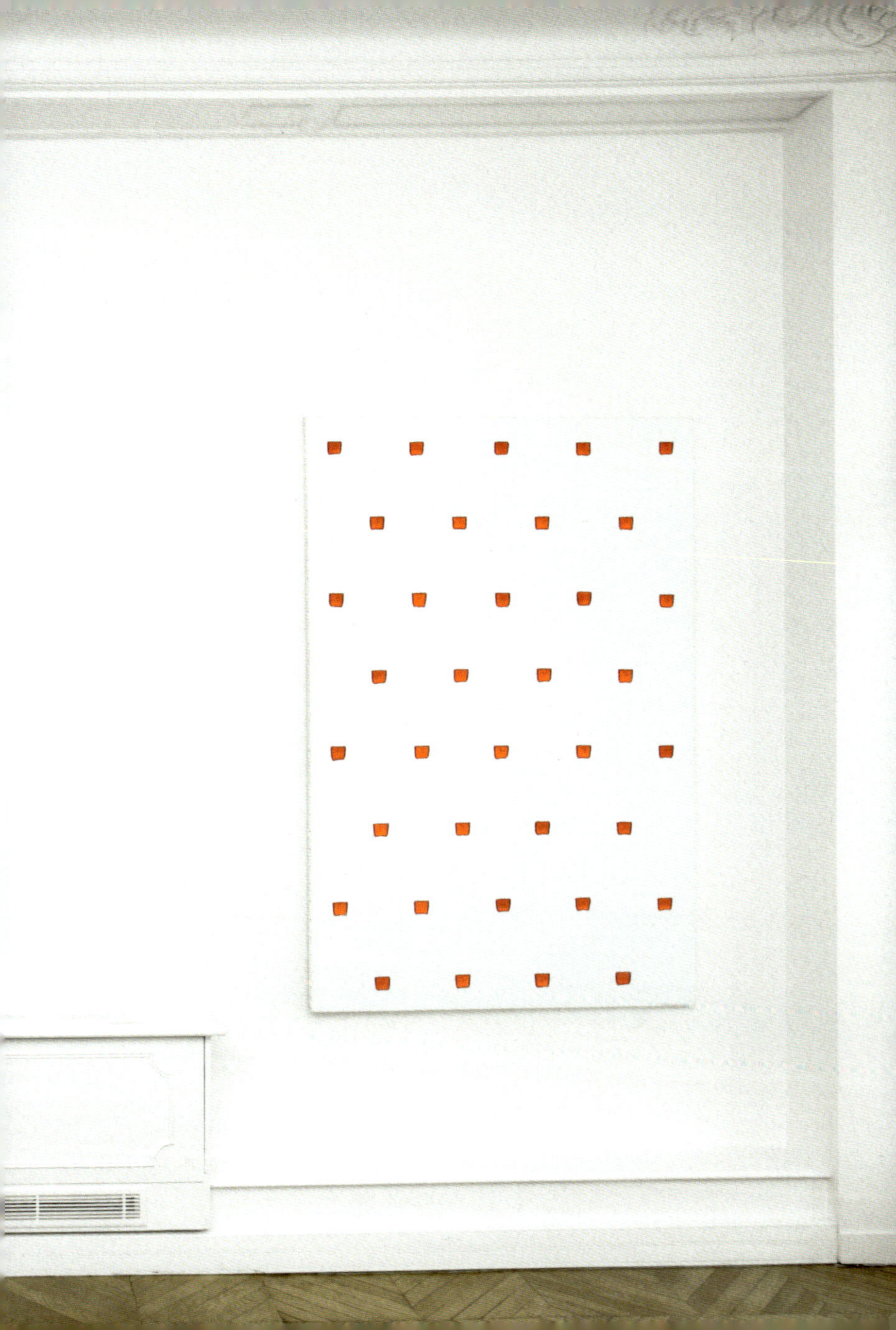

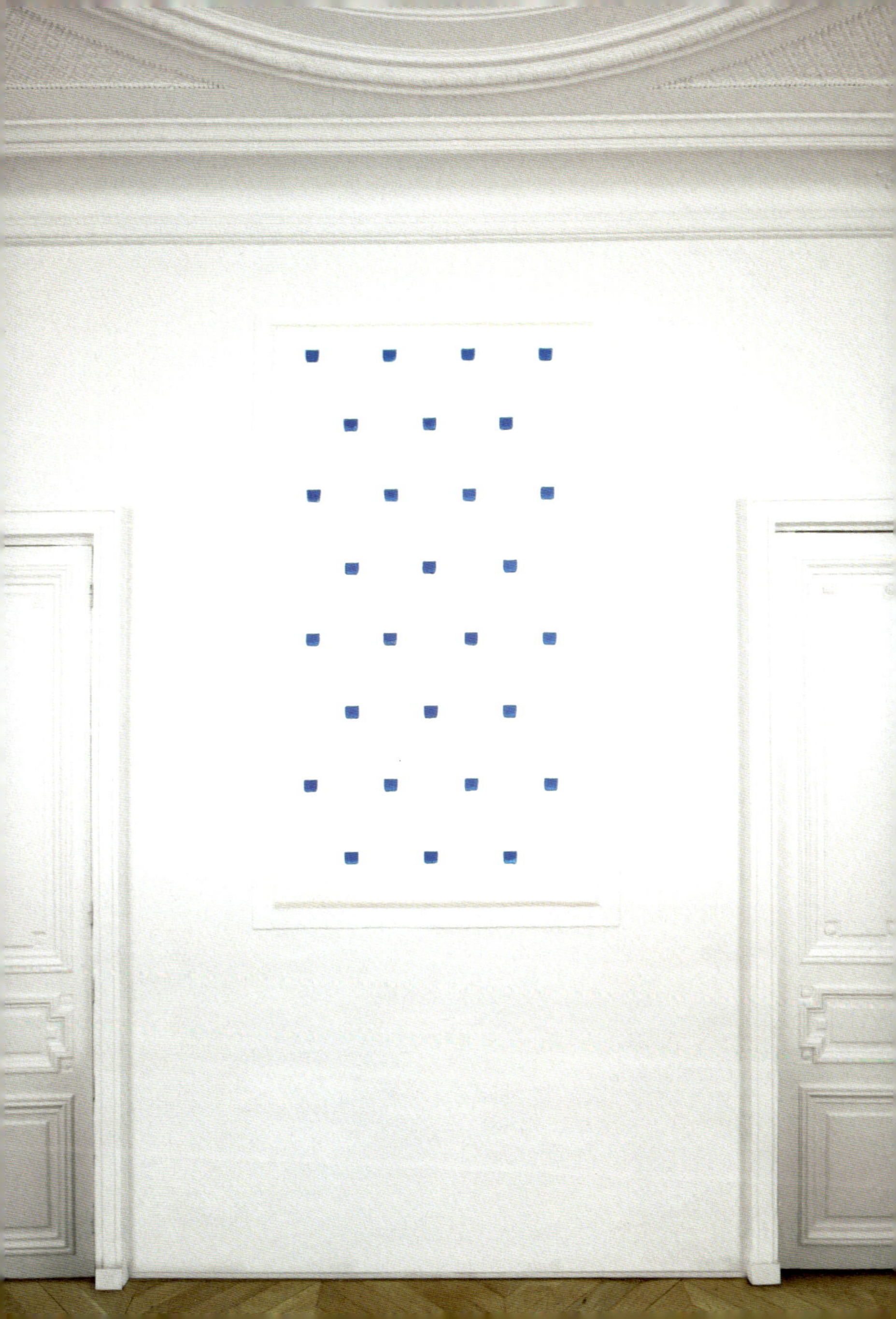

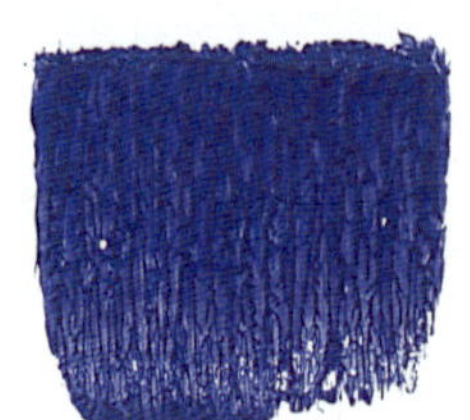

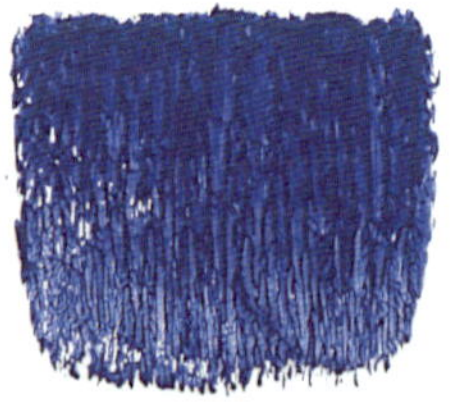

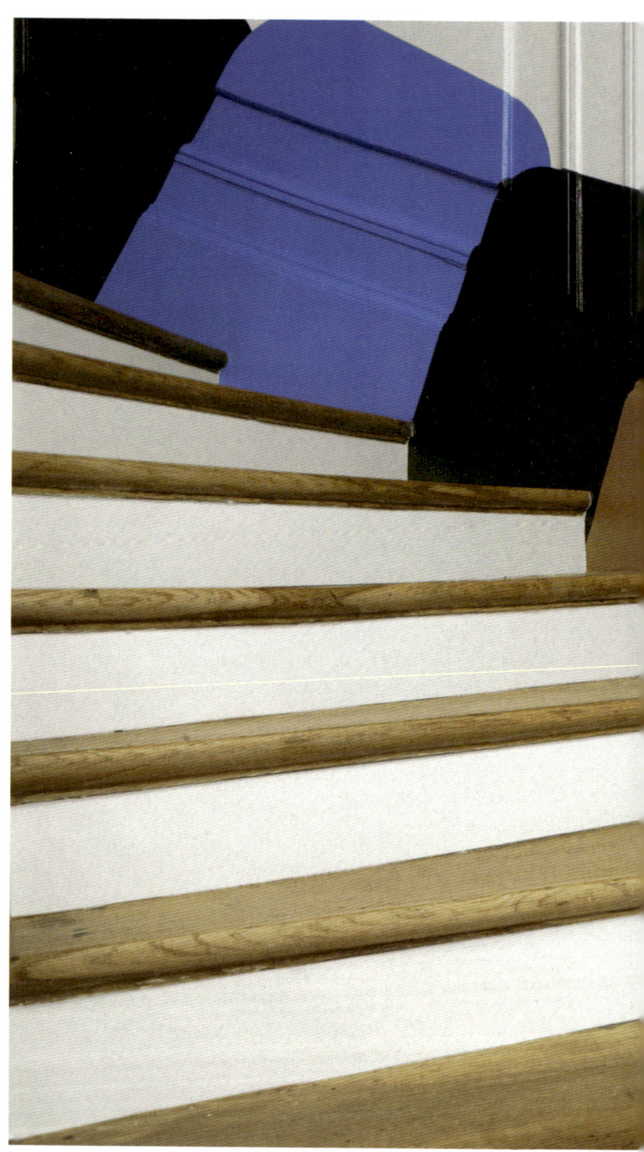

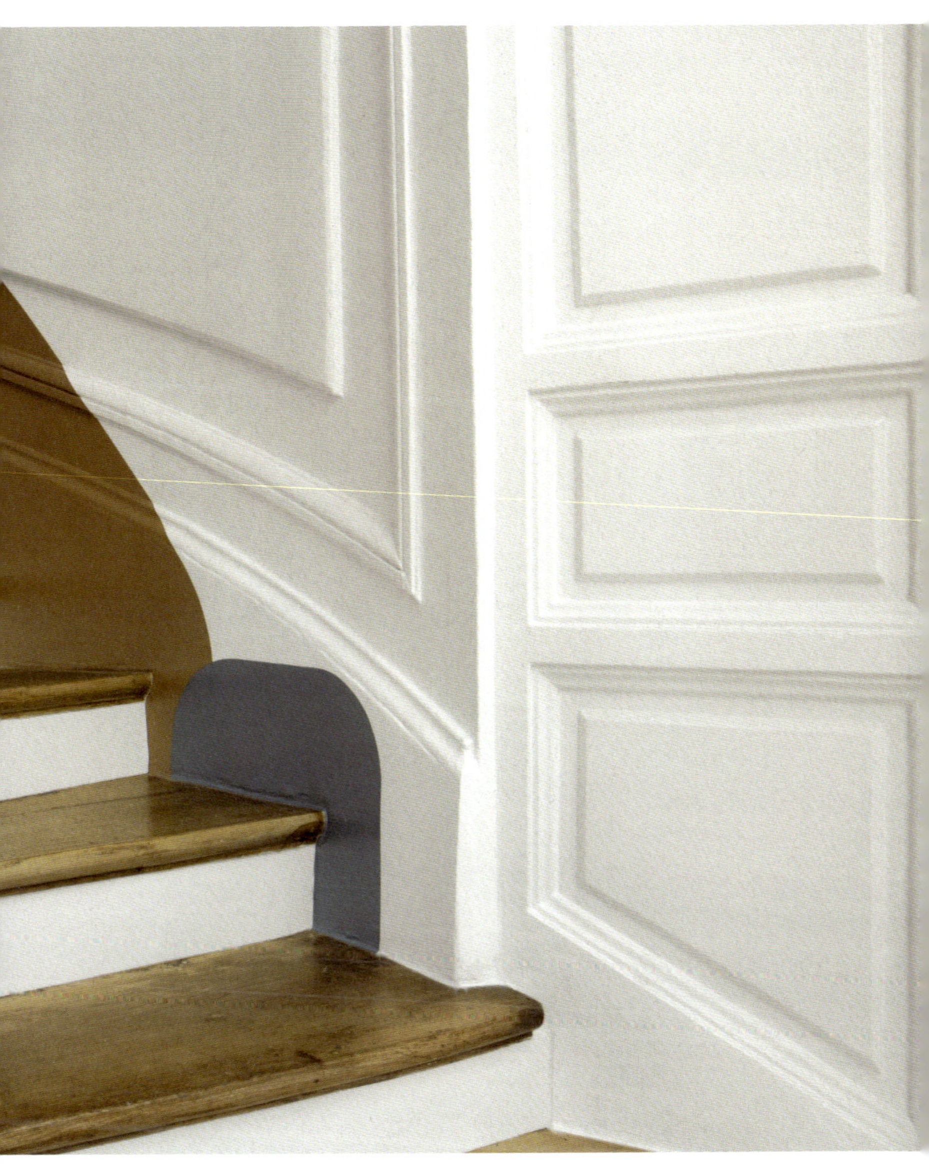

Stéphane Dafflon
PM052

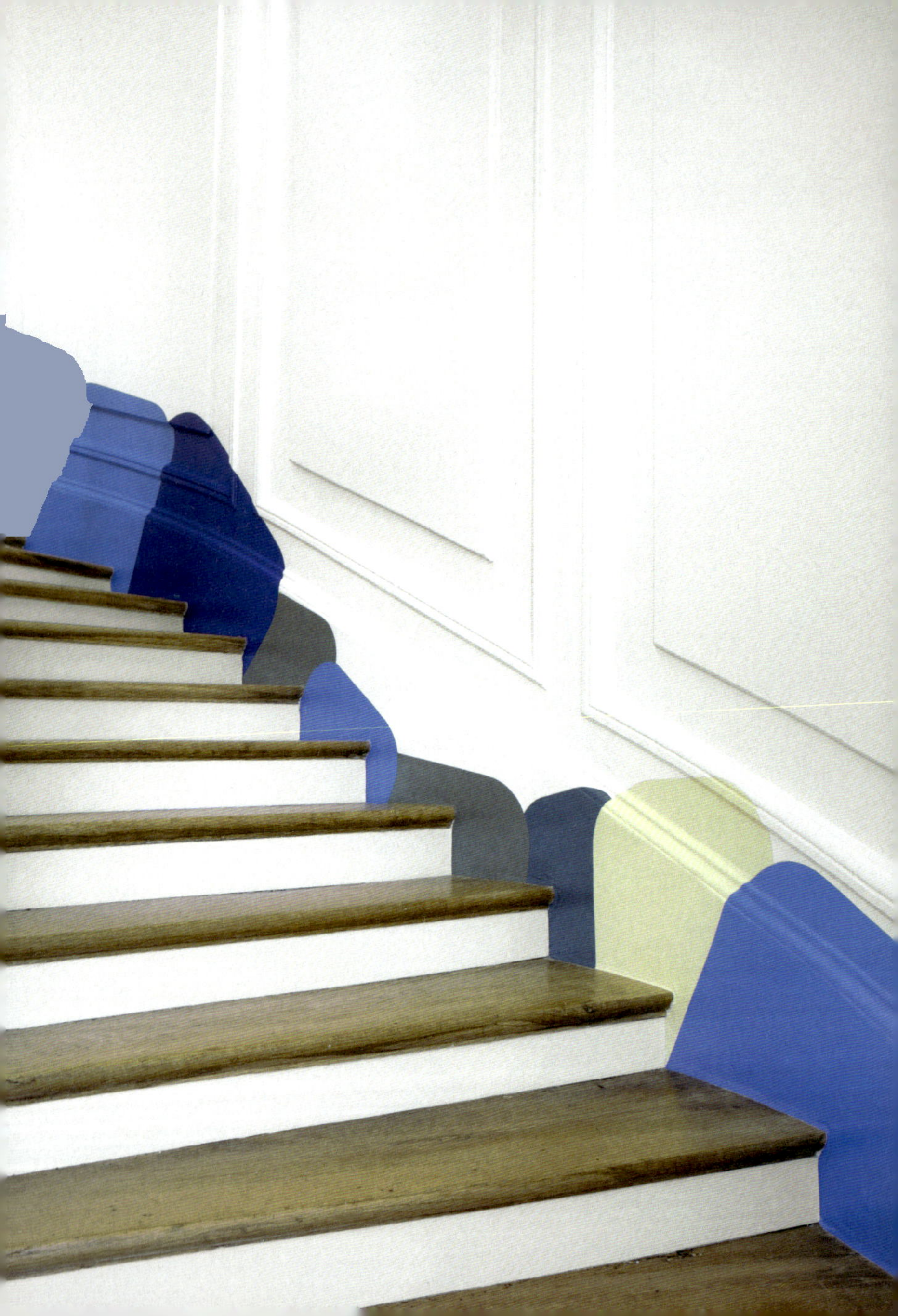

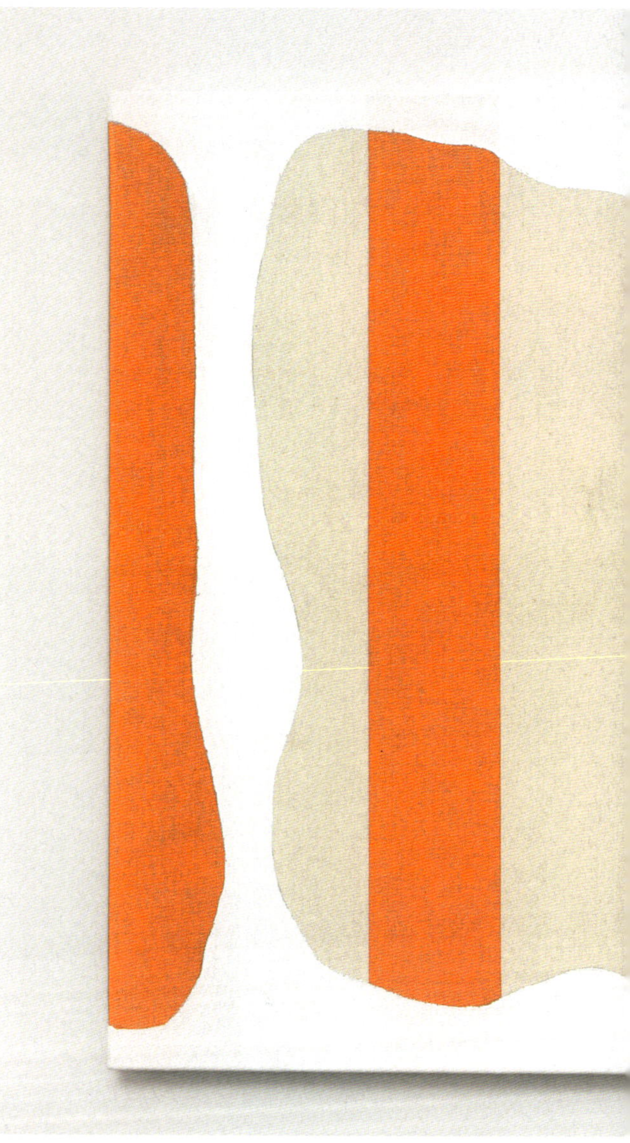

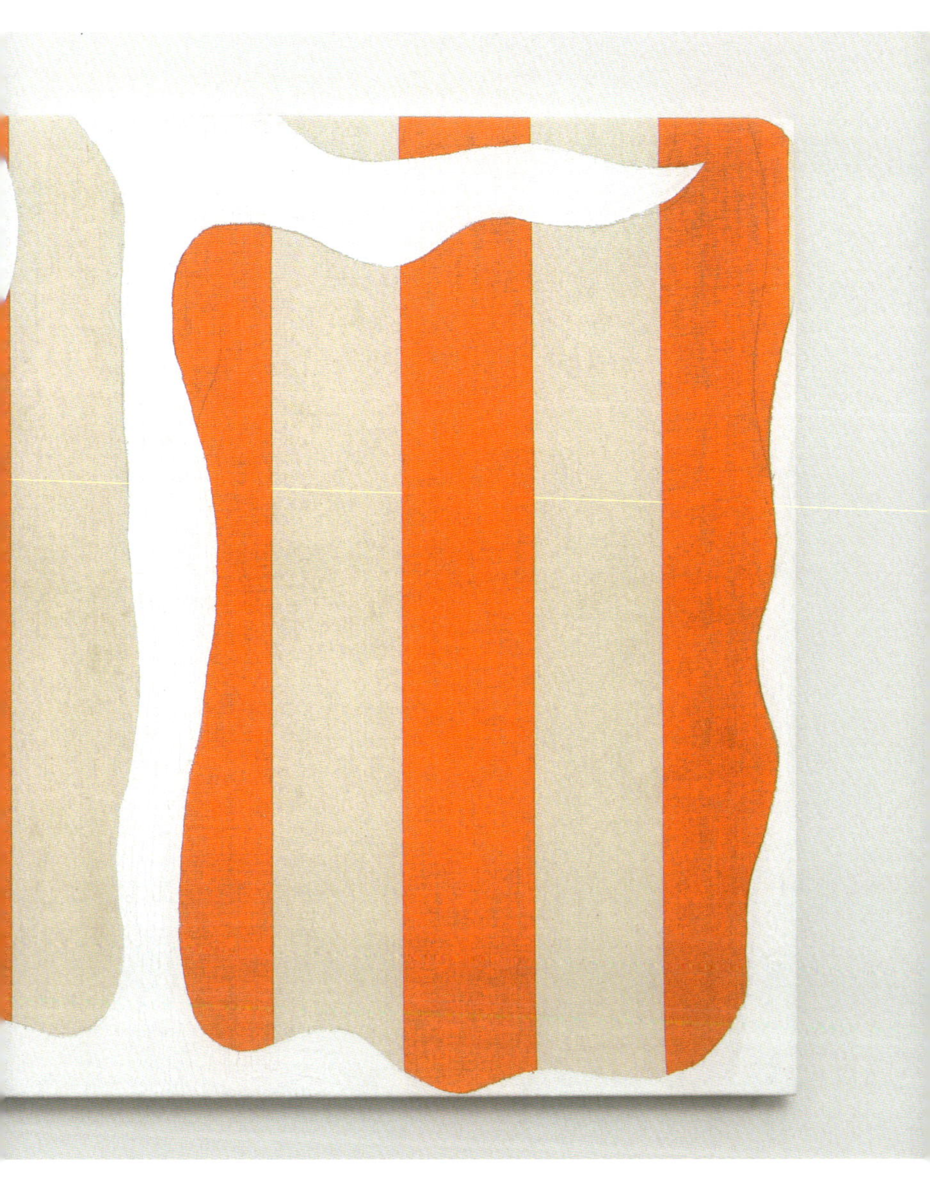

Daniel Buren
PHOTO-SOUVENIR Peinture aux formes indéfinies

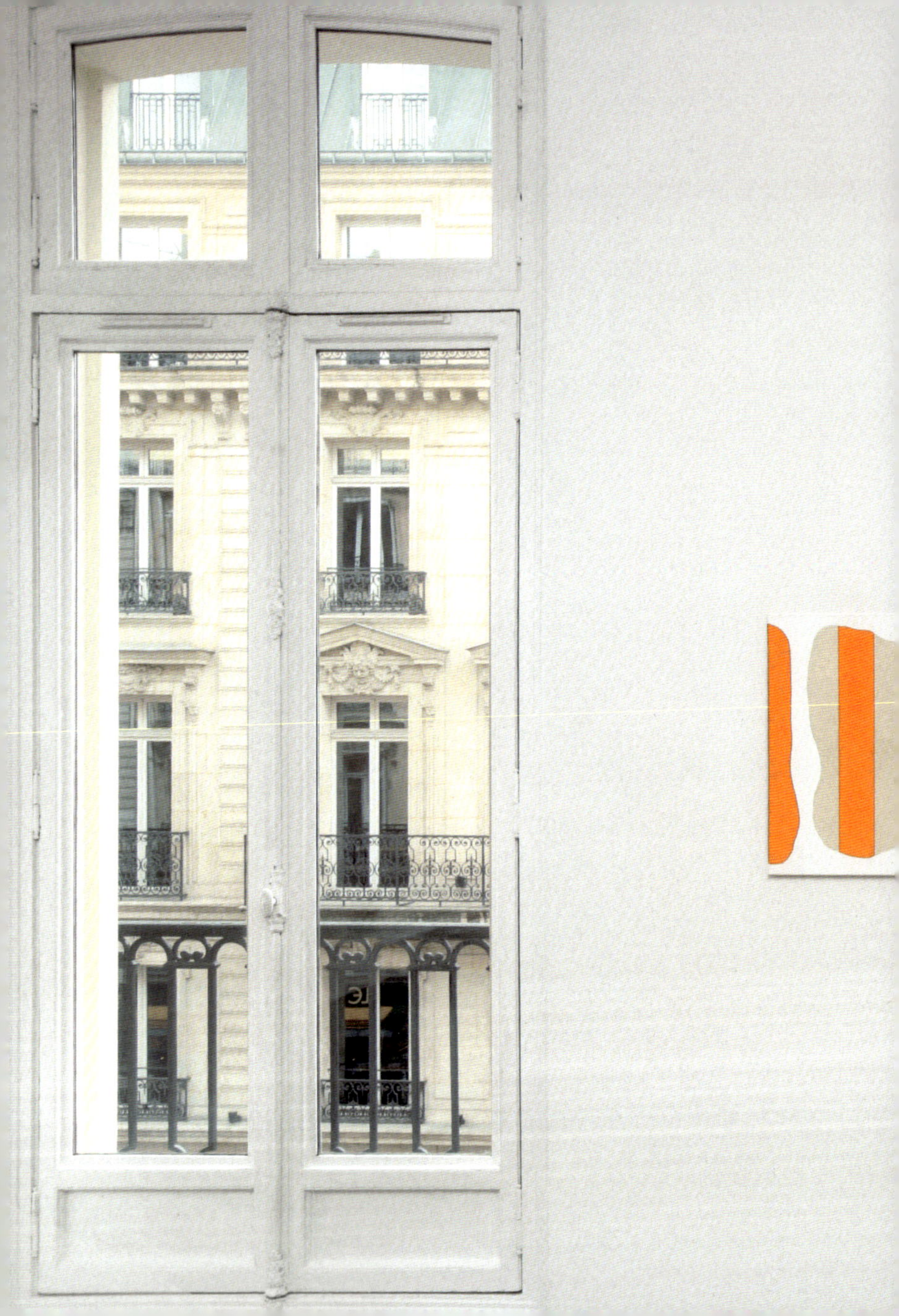

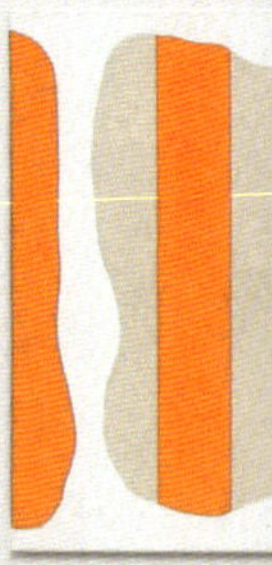

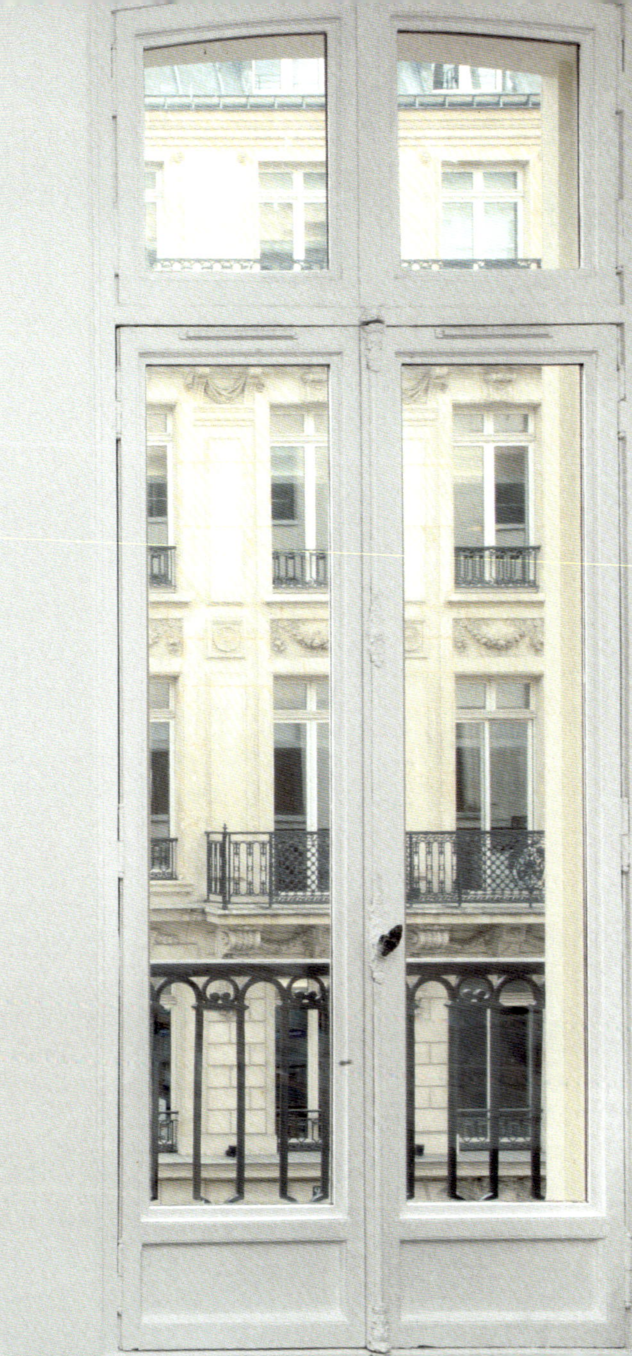

Robert Barry
Untitled

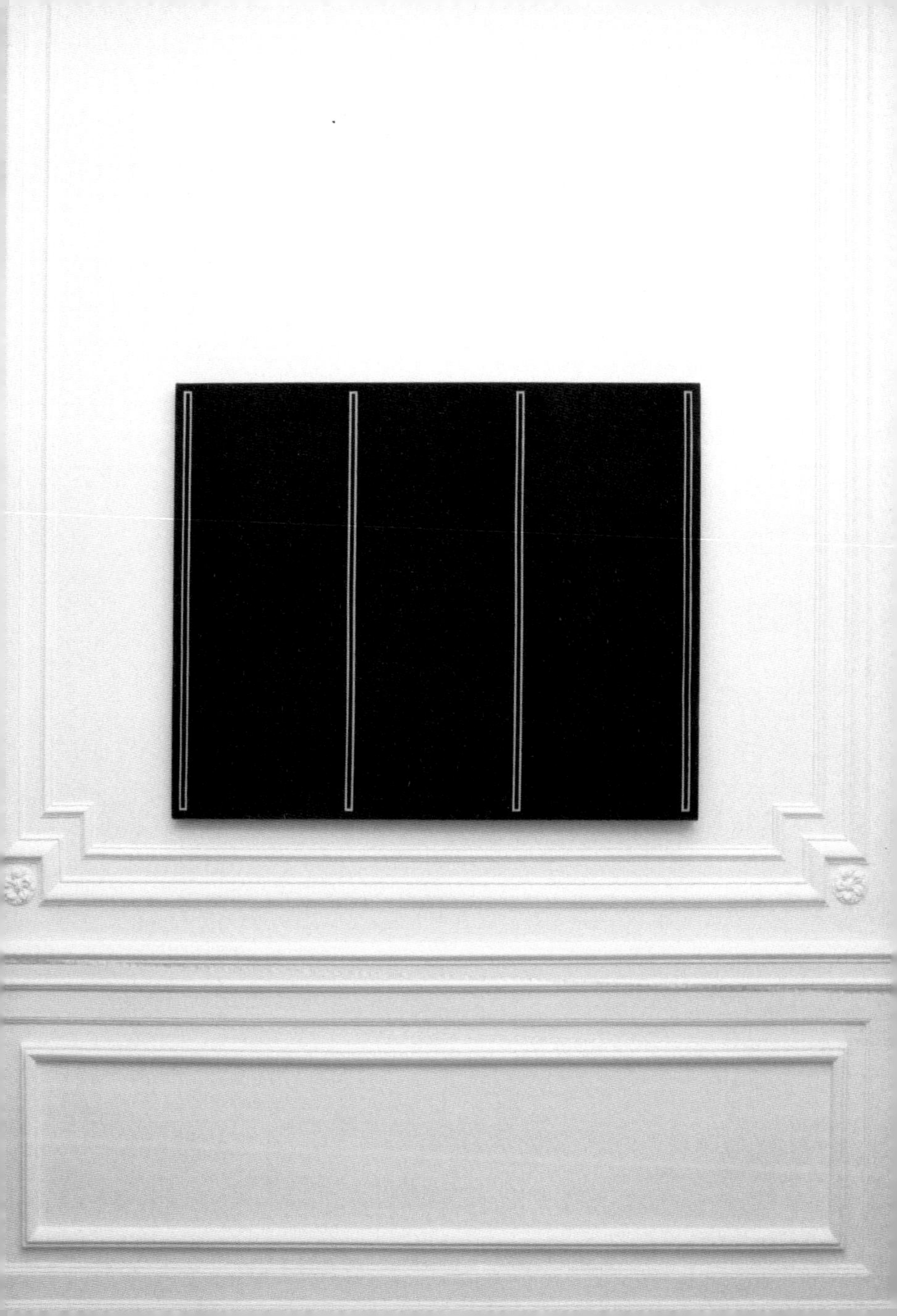

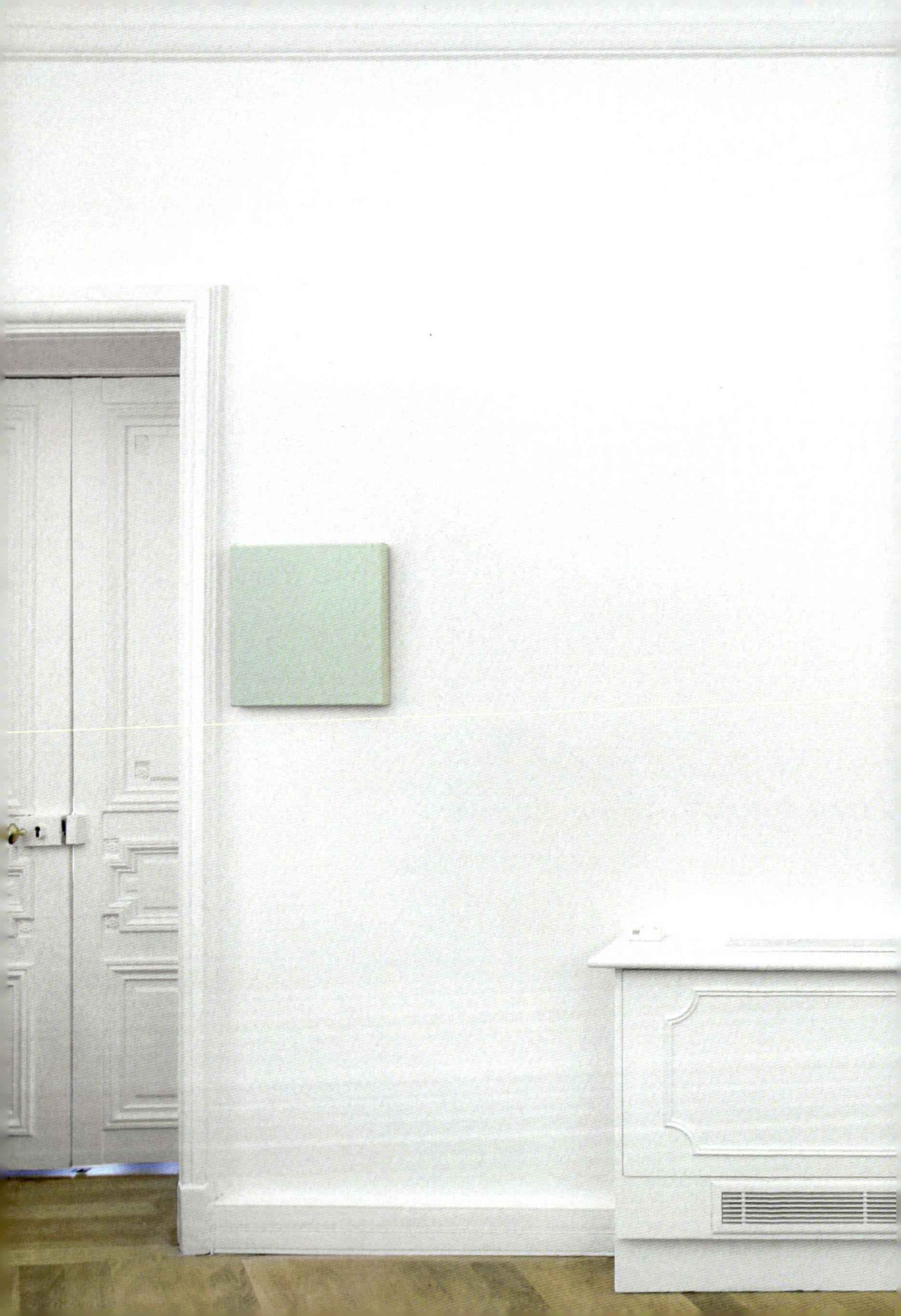

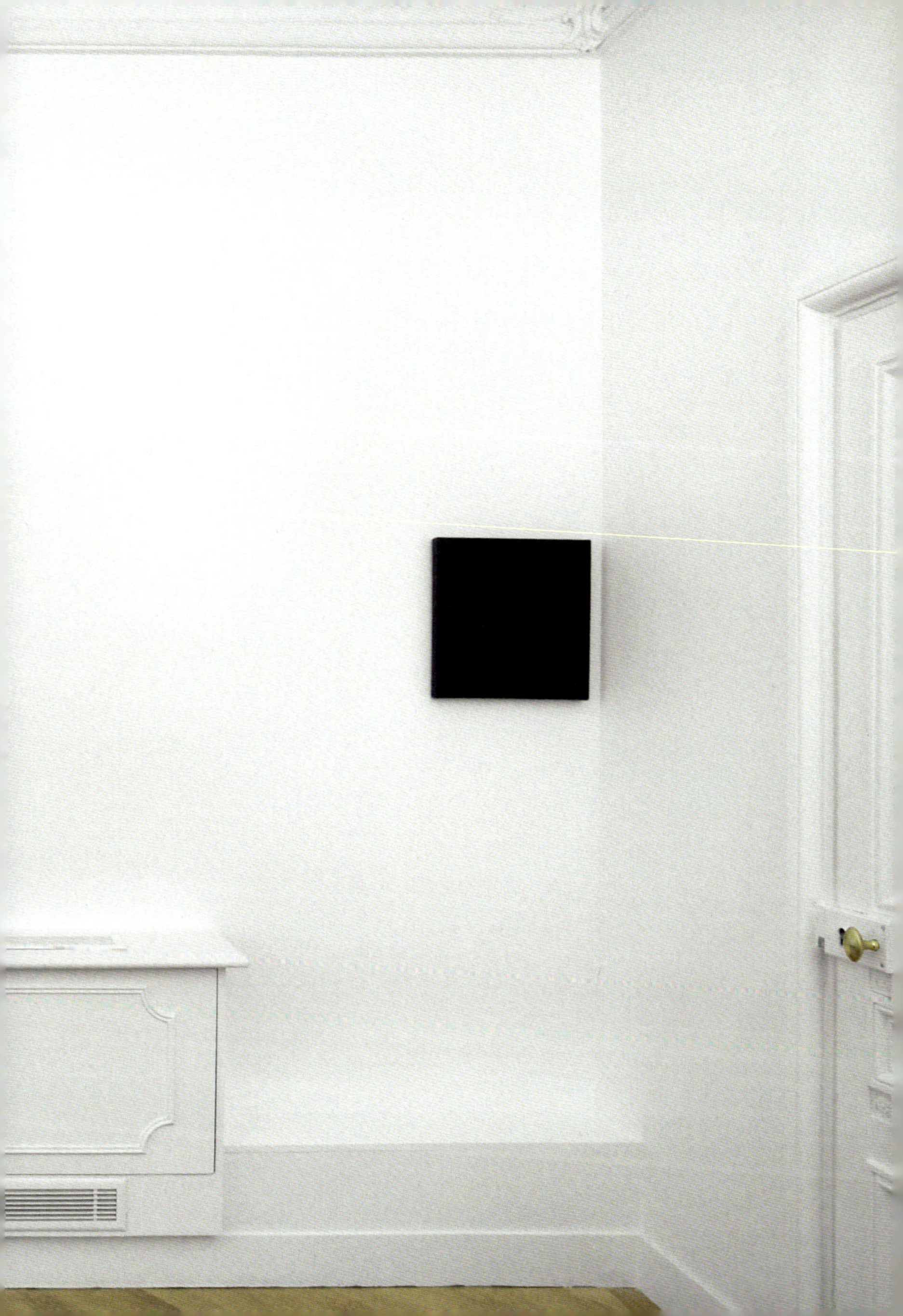

Robert Barry
Untitled

Daniel Buren
PHOTO-SOUVENIR Peinture sur peinture

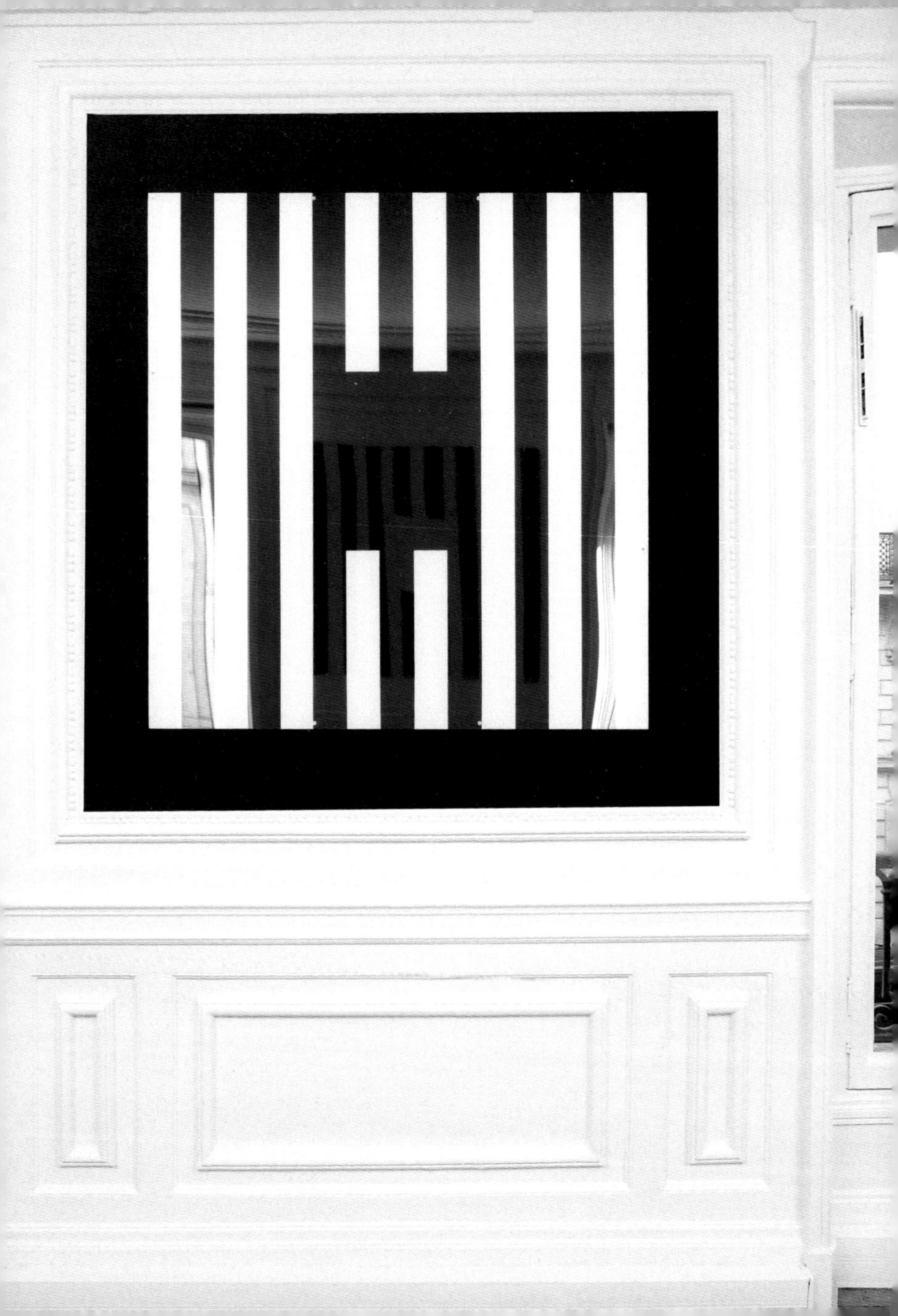

Daniel Buren
PHOTO-SOUVENIR Peinture sur peinture

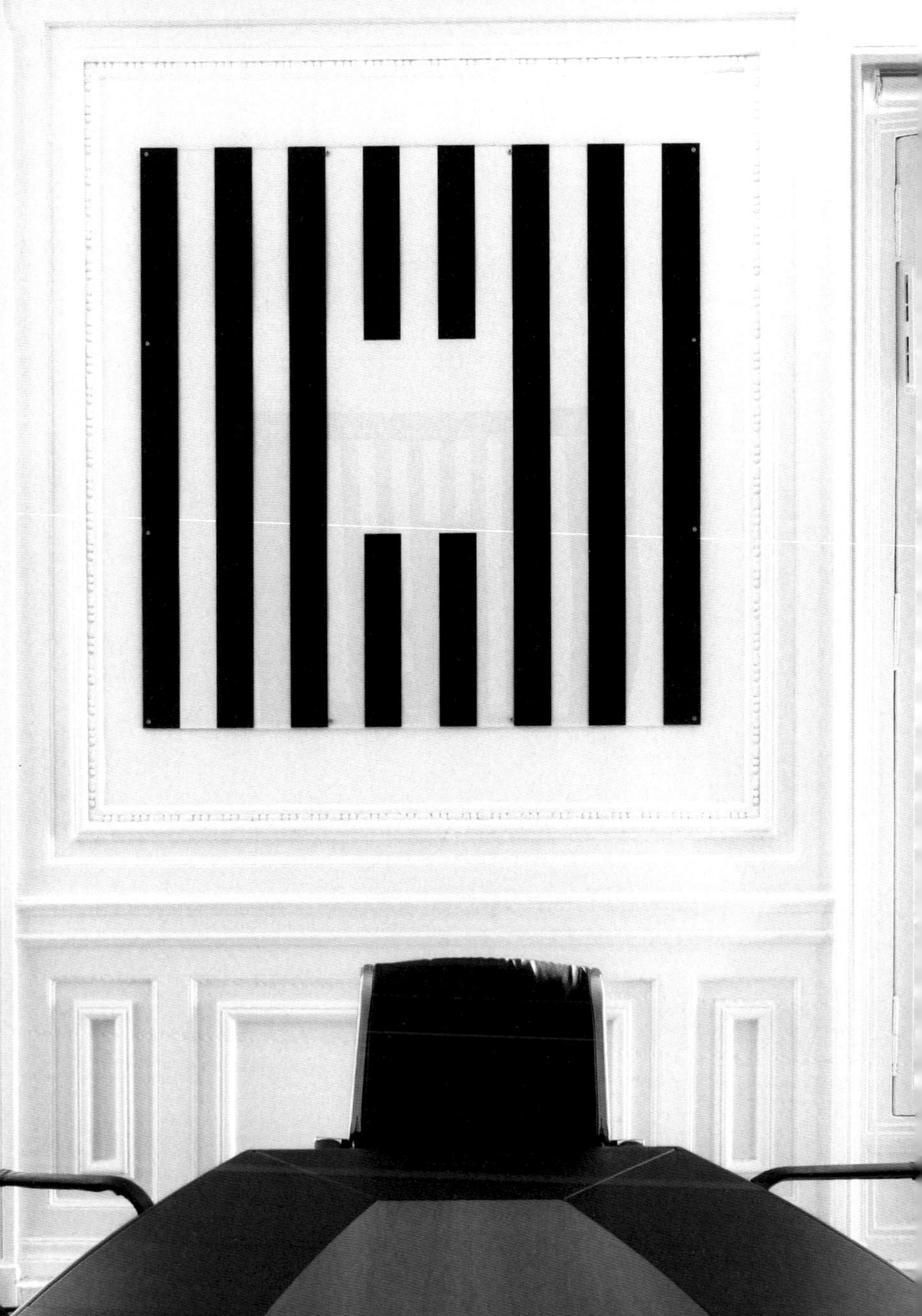

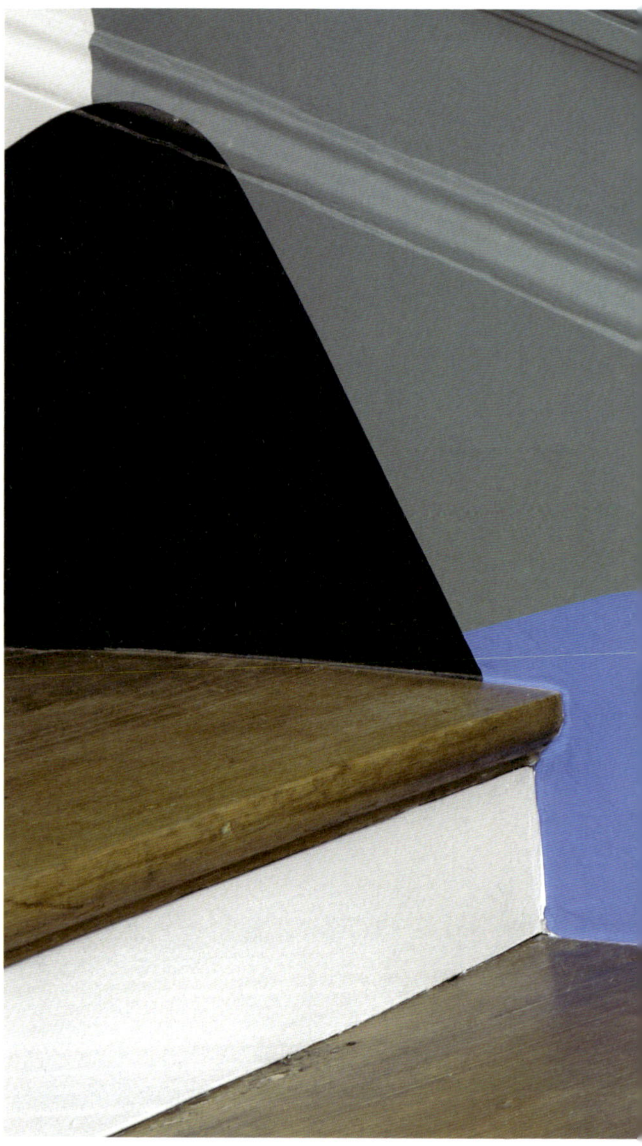

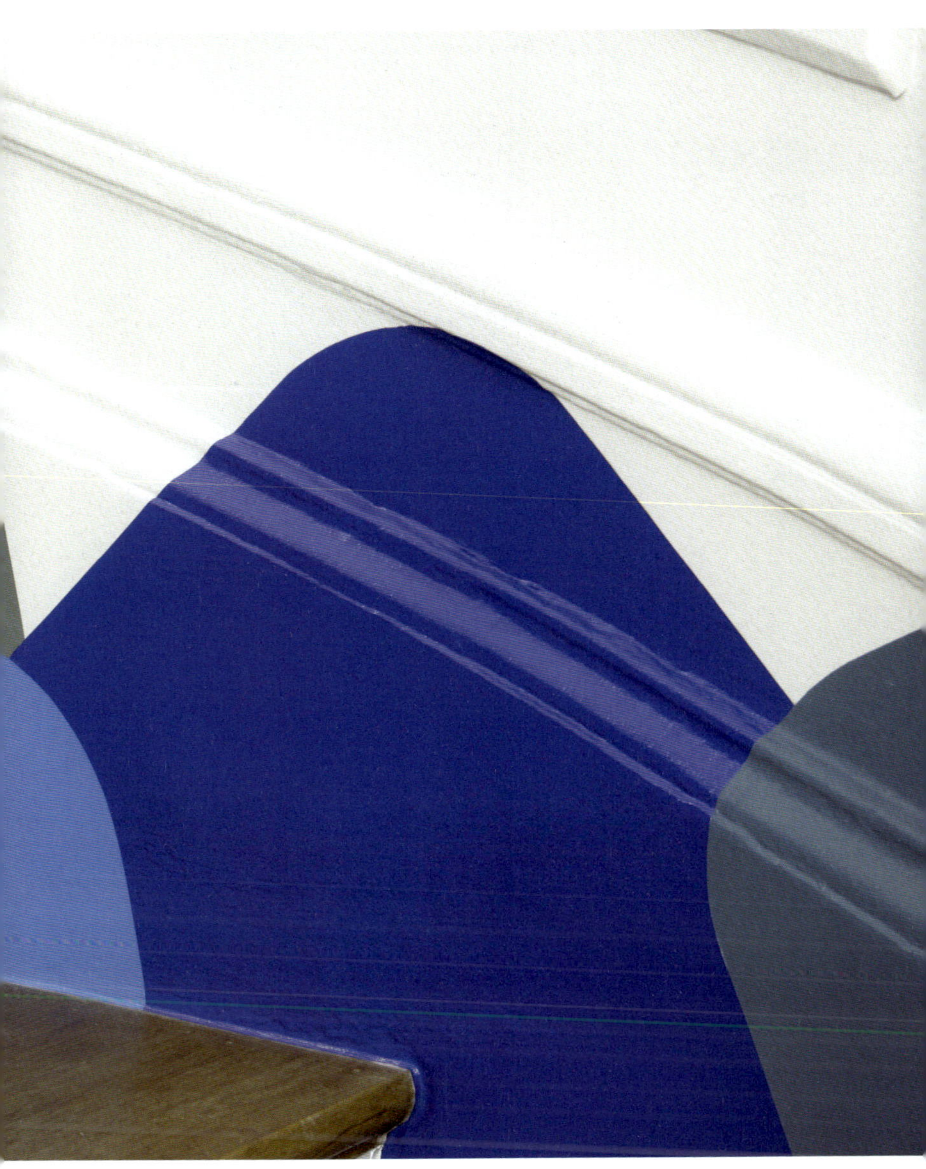

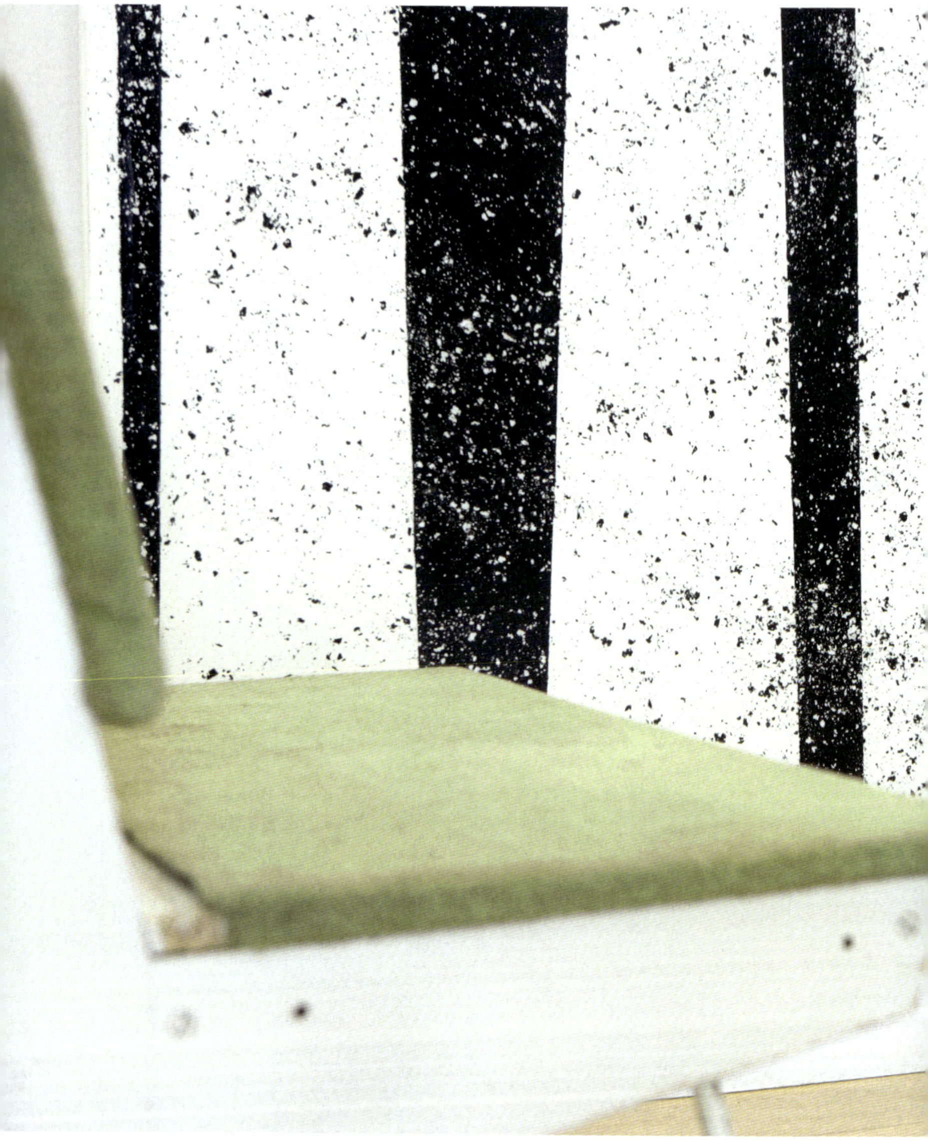

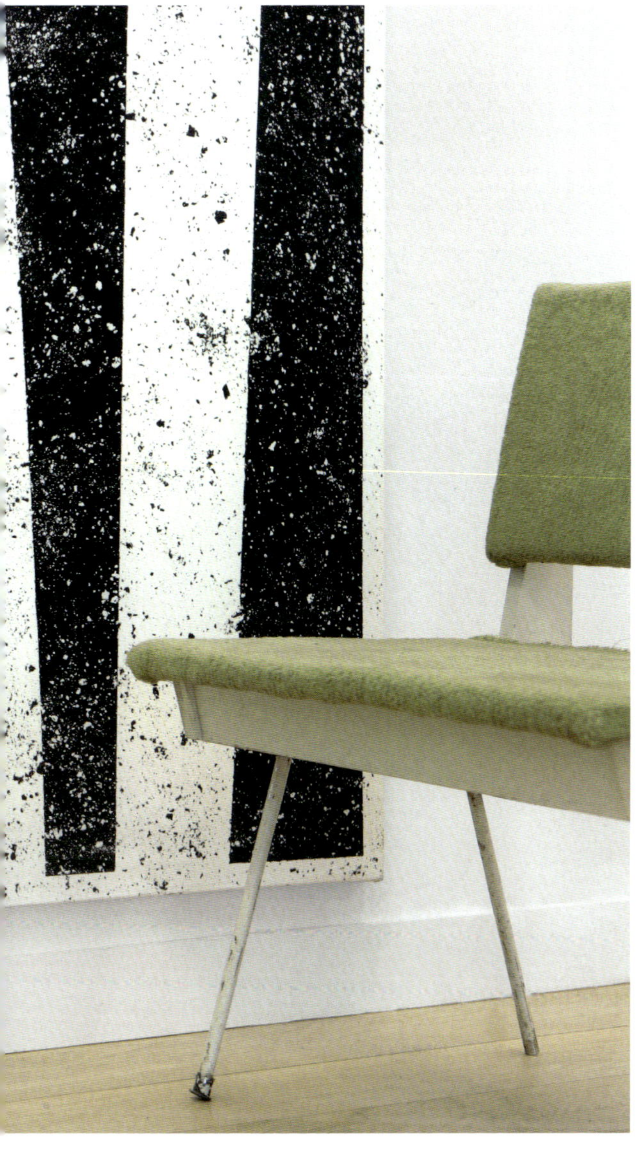

John Armleder
Untitled

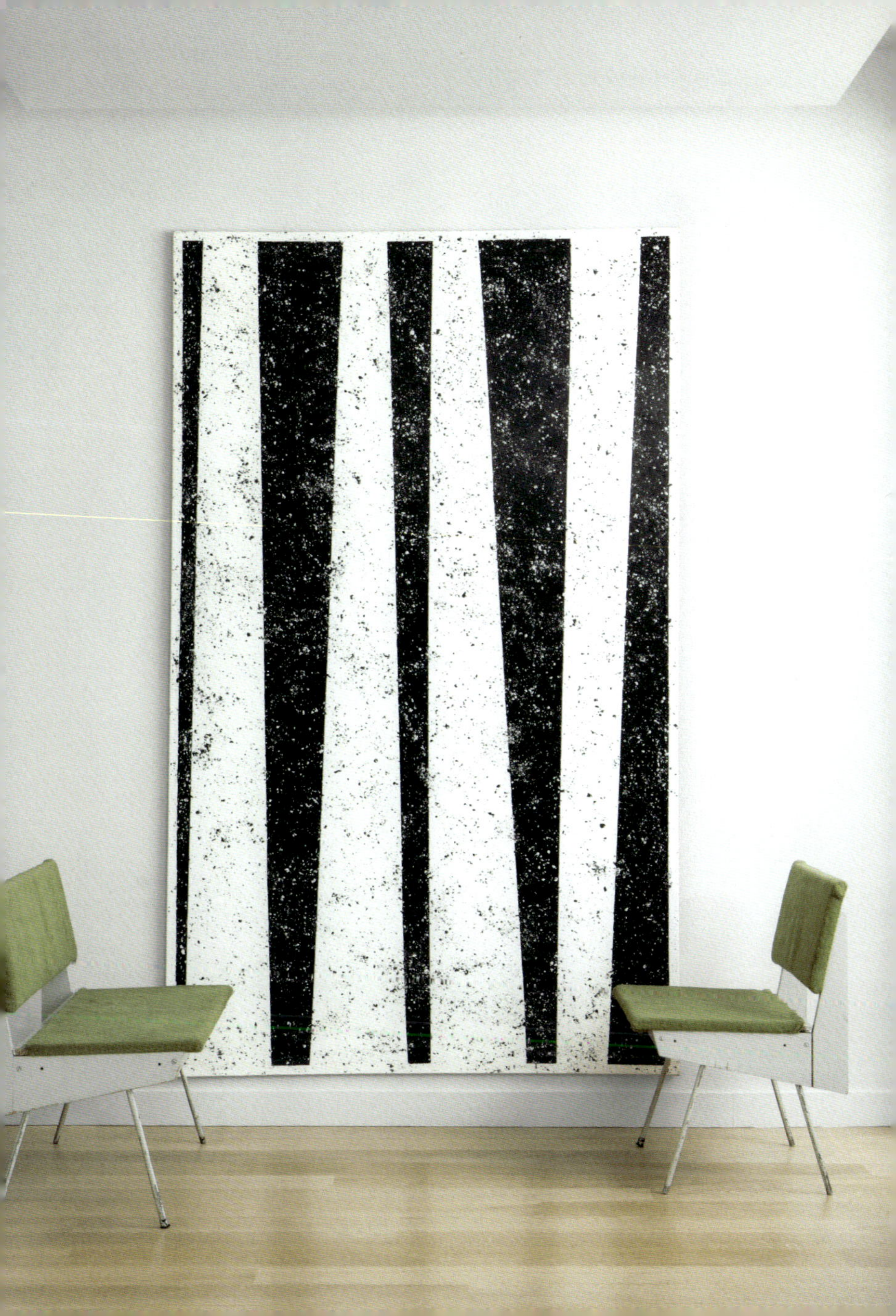

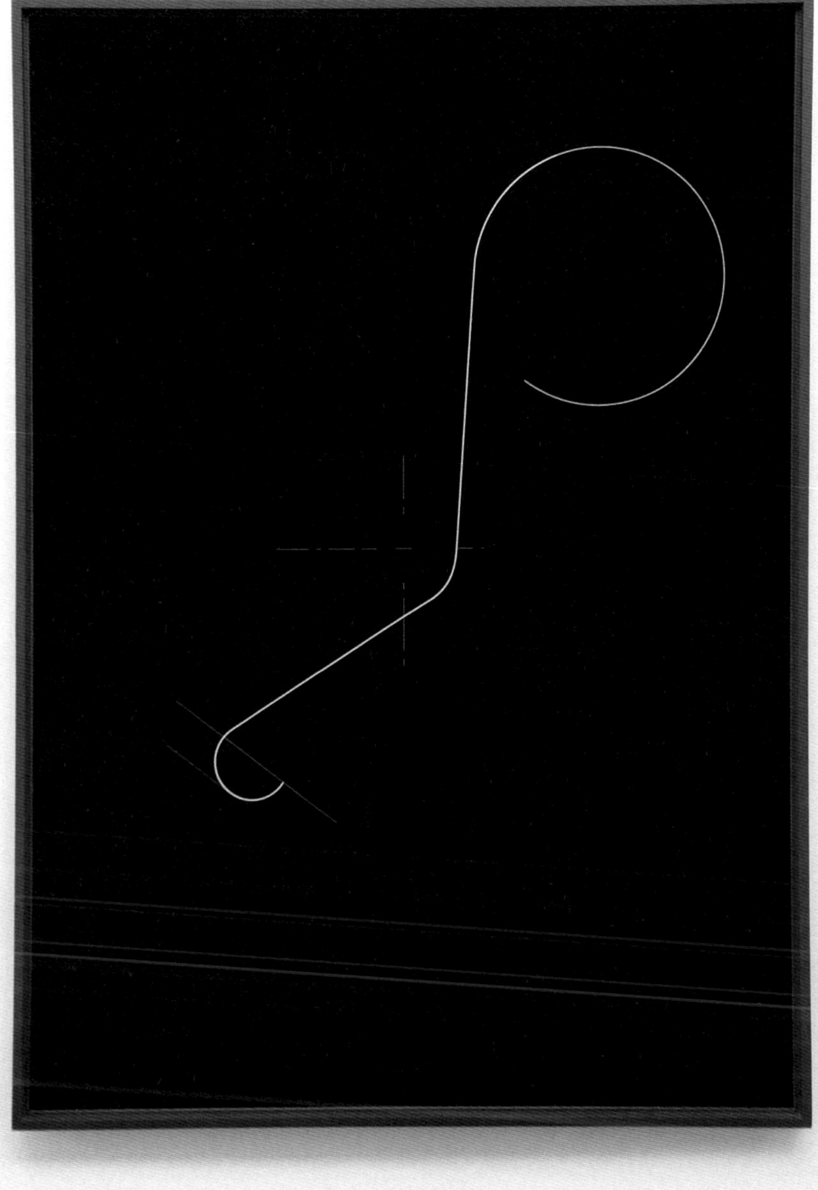

Florian Pumhösl
Untitled

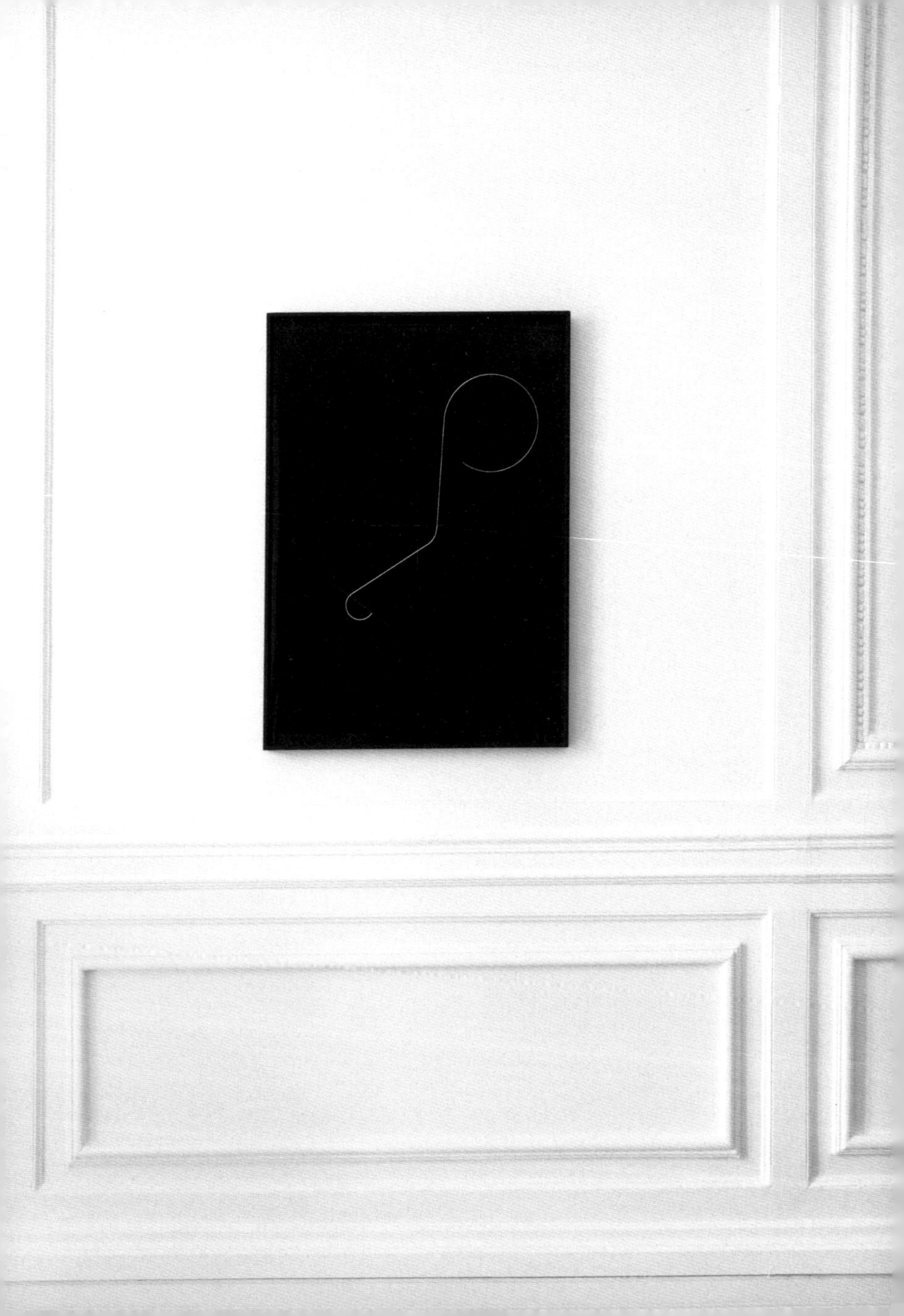

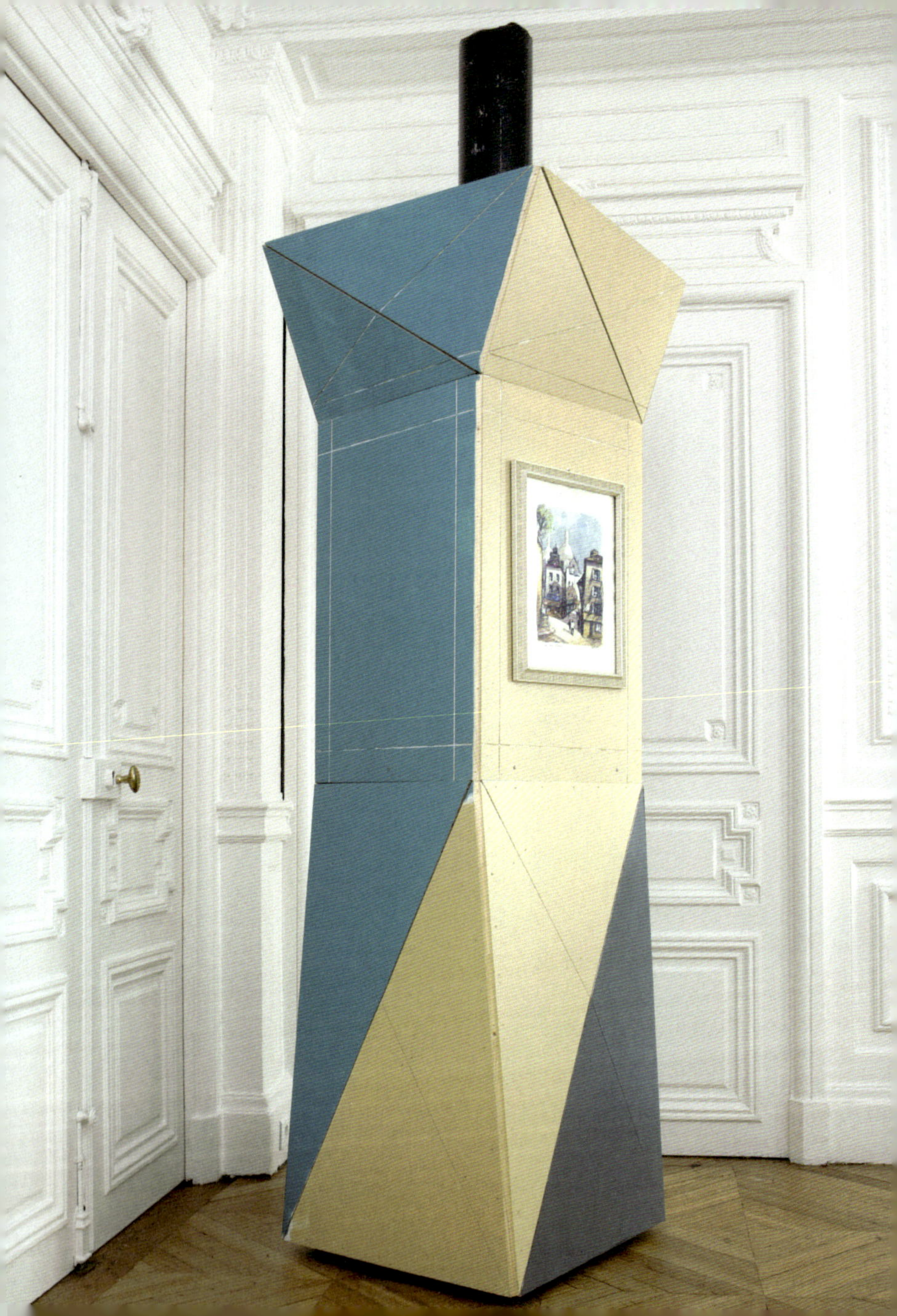

Manfred Pernice
Untitled

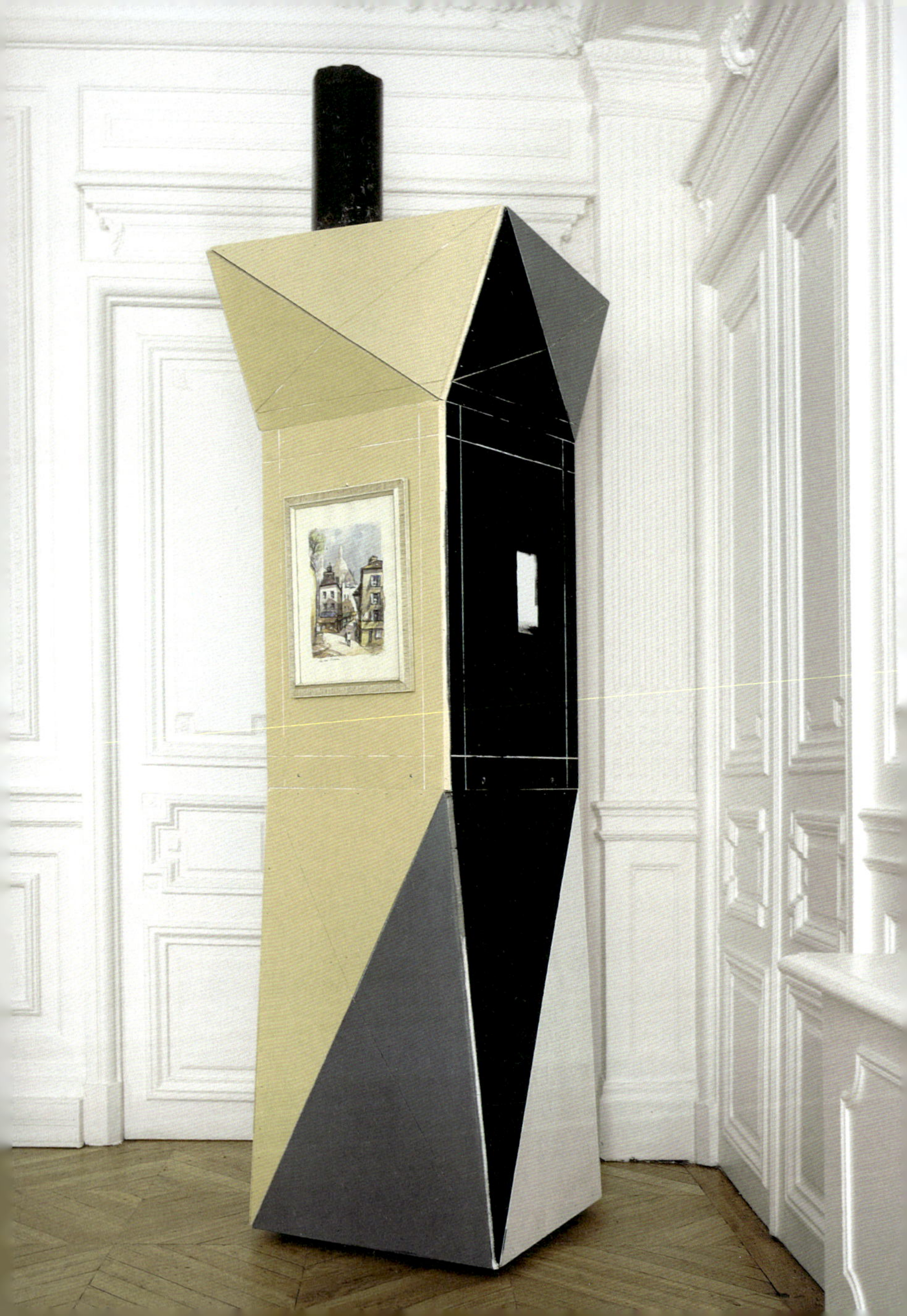

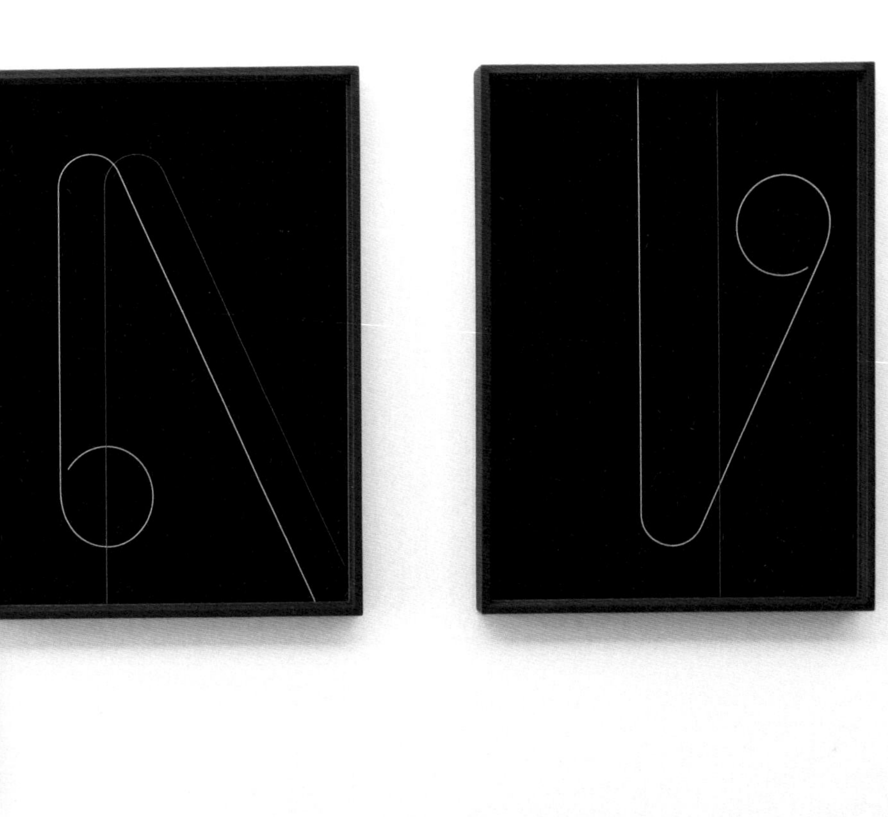

Florian Pumhösl
Modernologie 07
Modernologie 08
Modernologie 11

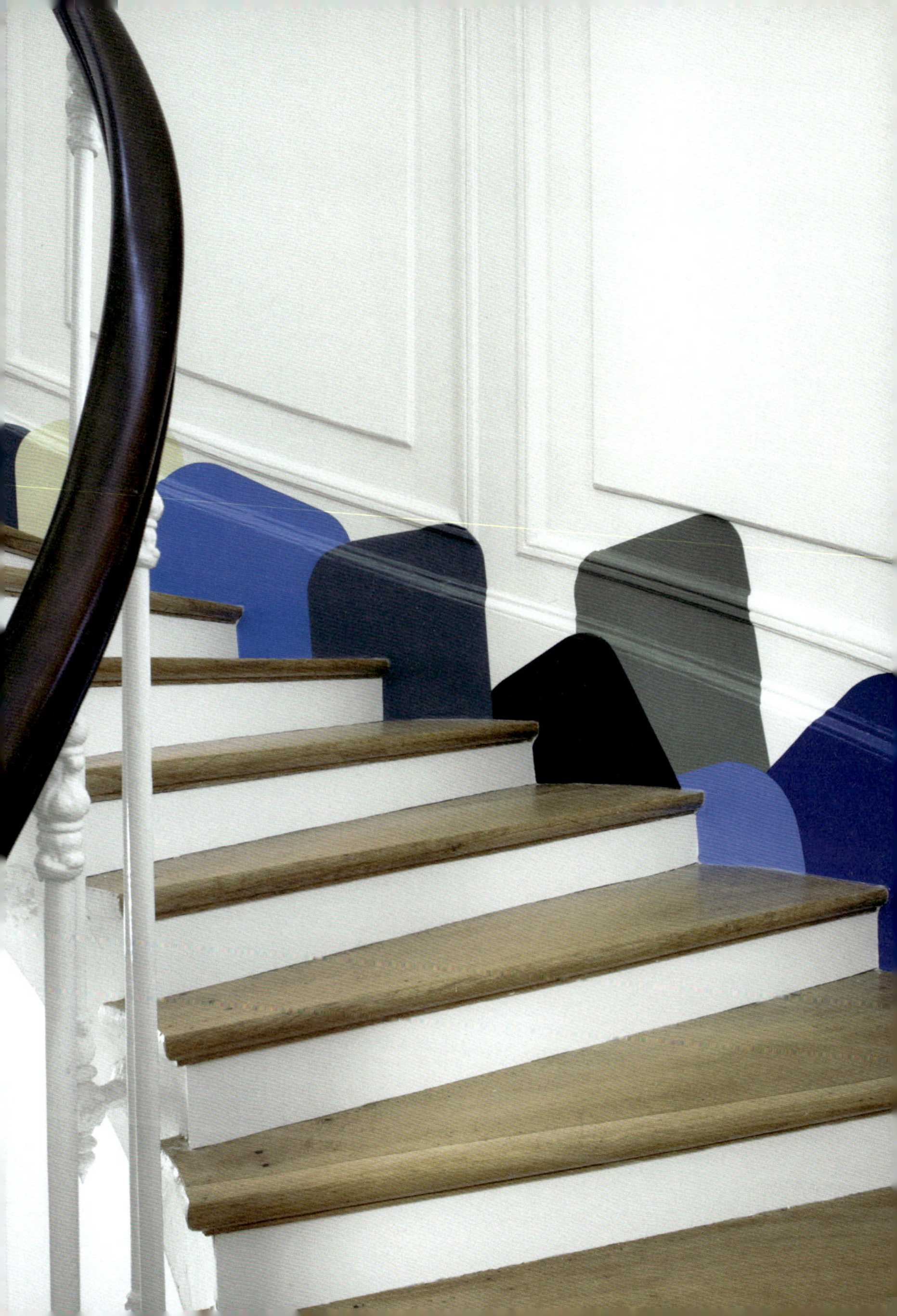

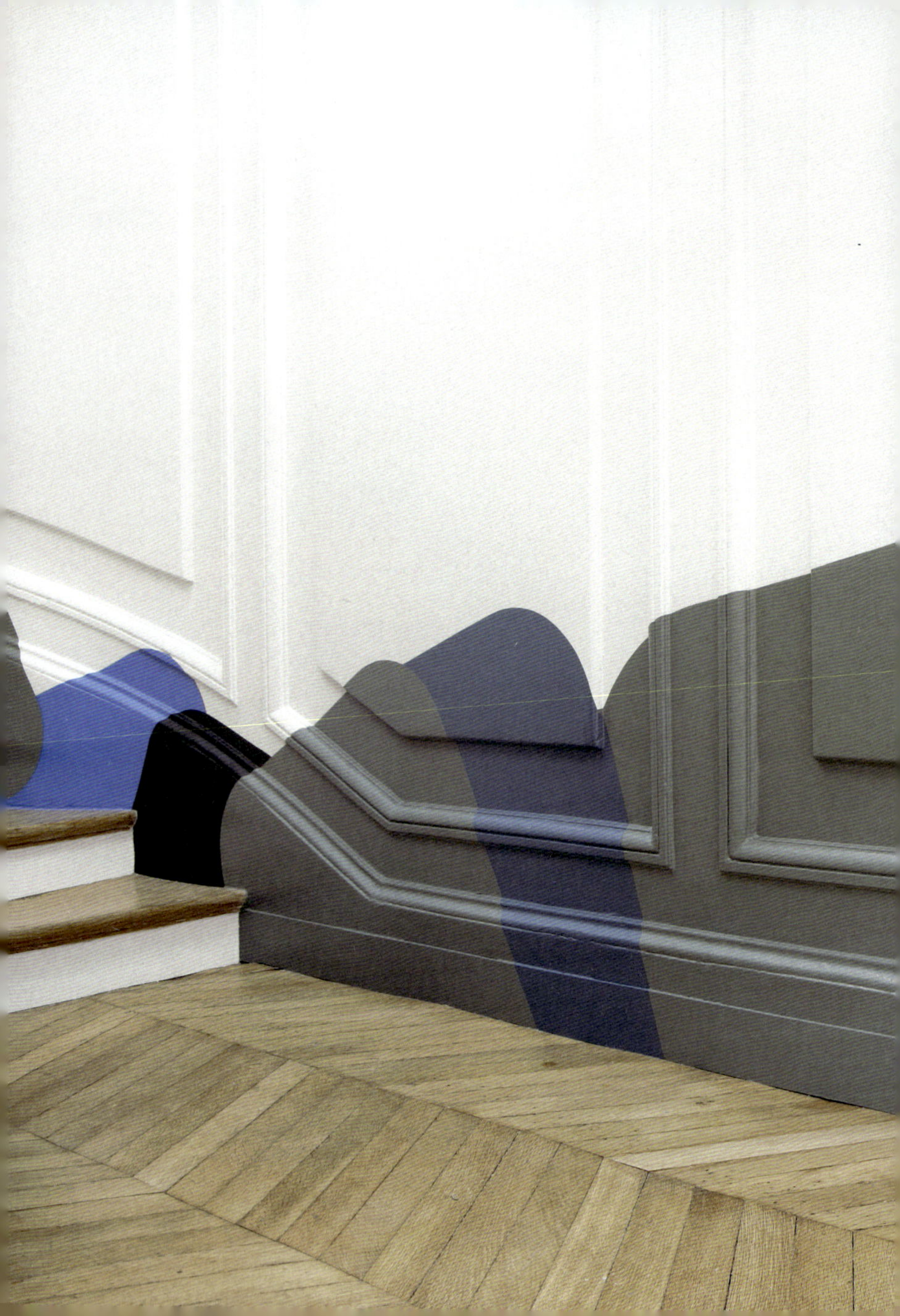

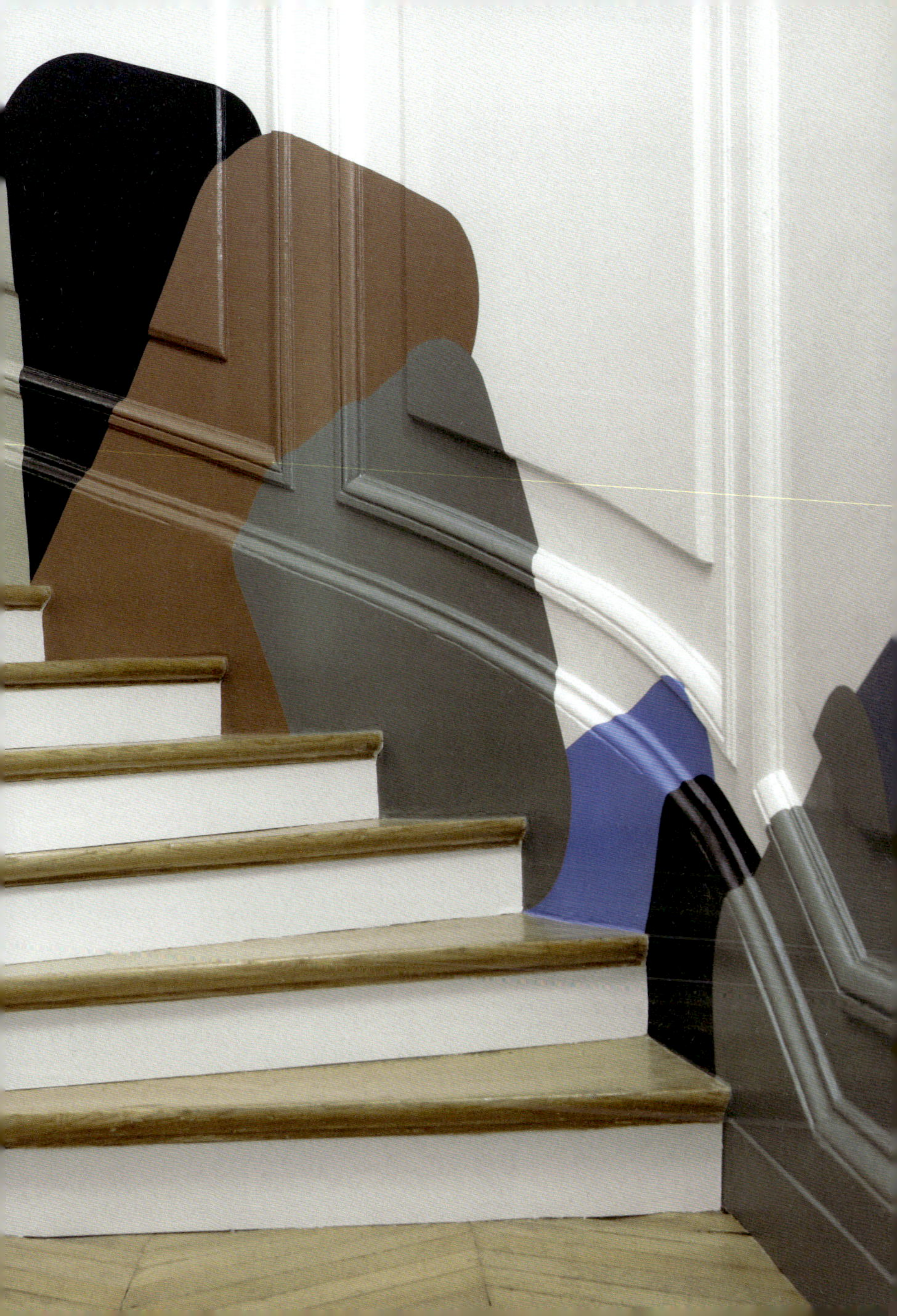

Loris Gréaud
Eye of the duck – Tomorrow right now
(with Didier Ghislain)

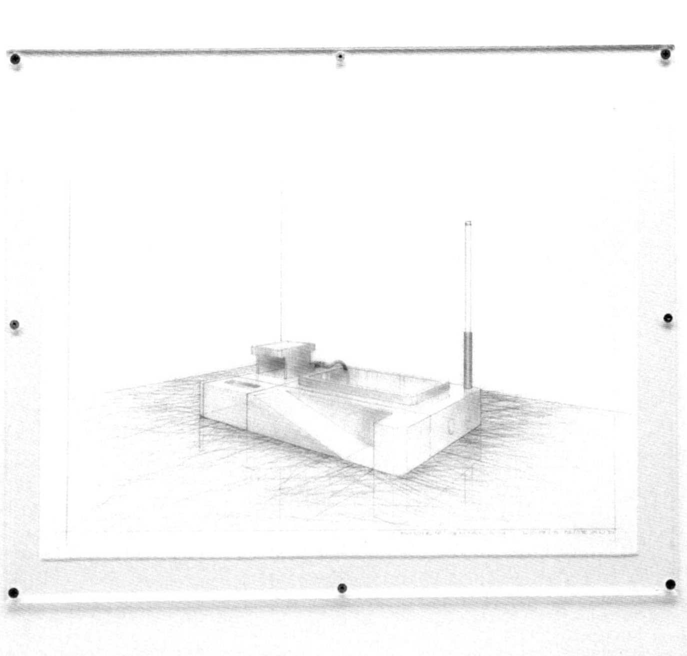

Loris Gréaud
Eye of the duck - Ersat Z hyperreality substitute painting

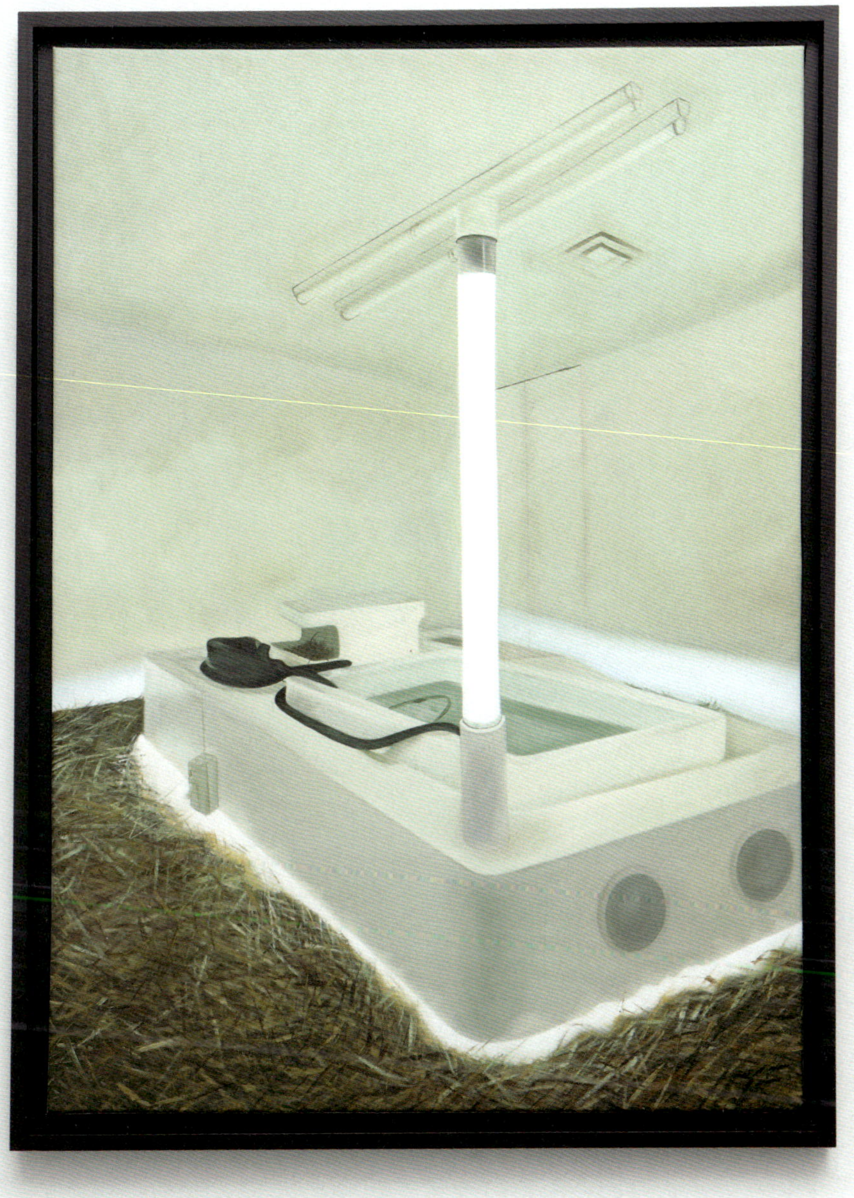

John Armleder
FS 221

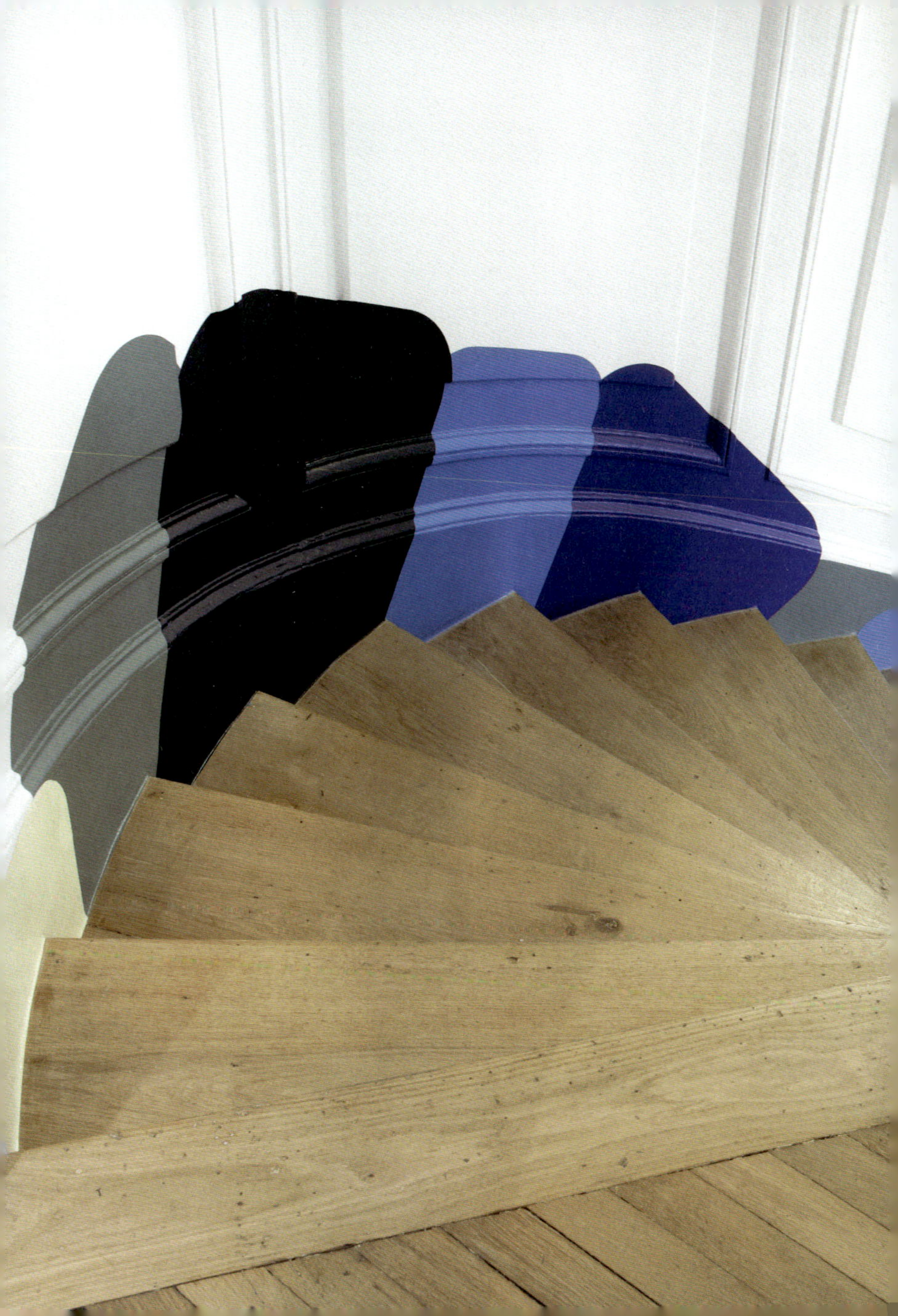

Steven Parrino
Entropia Derelict

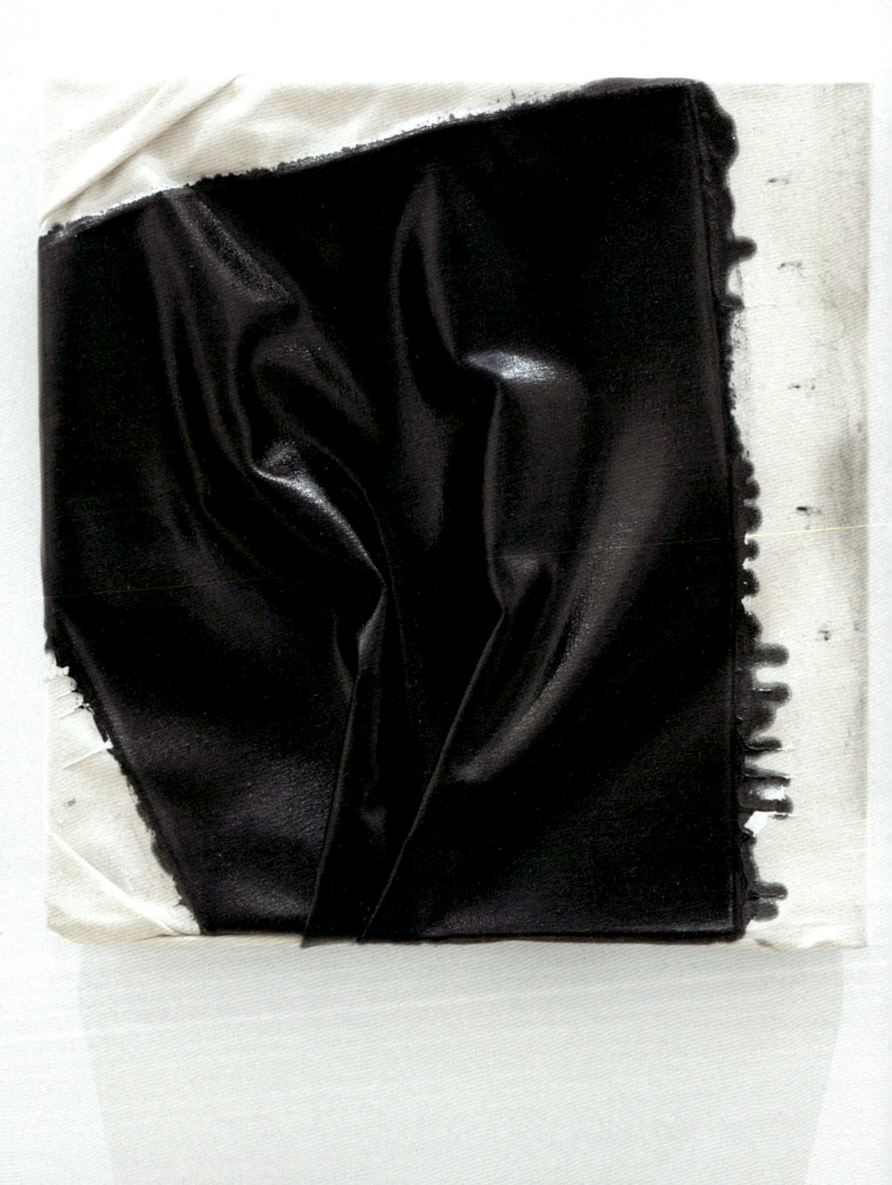

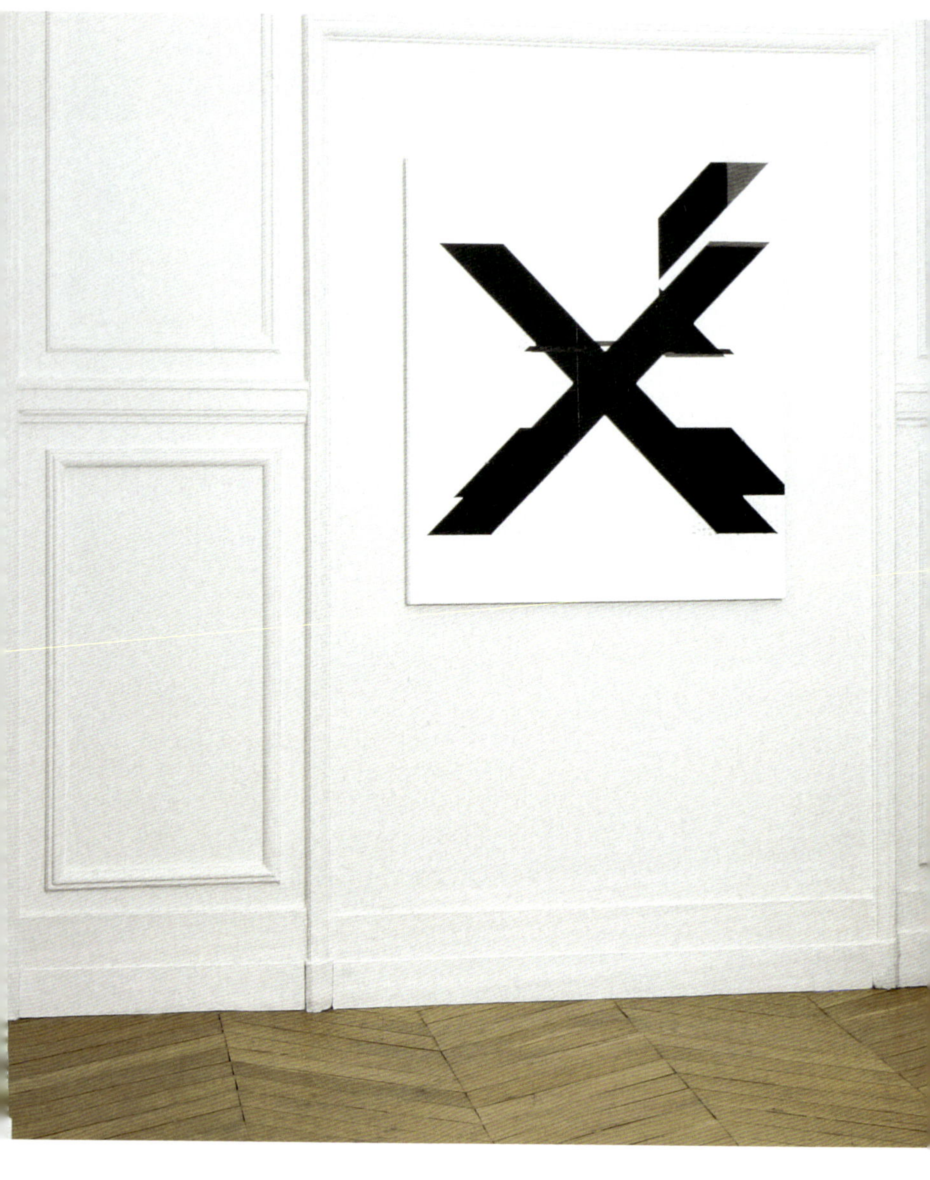

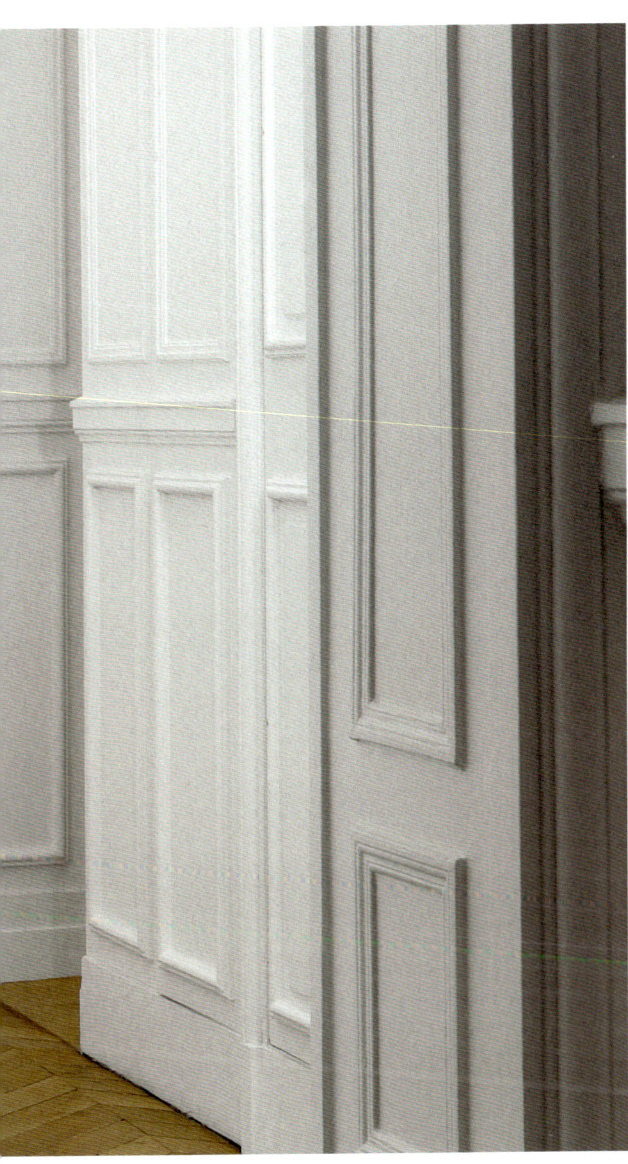

Wade Guyton
Untitled

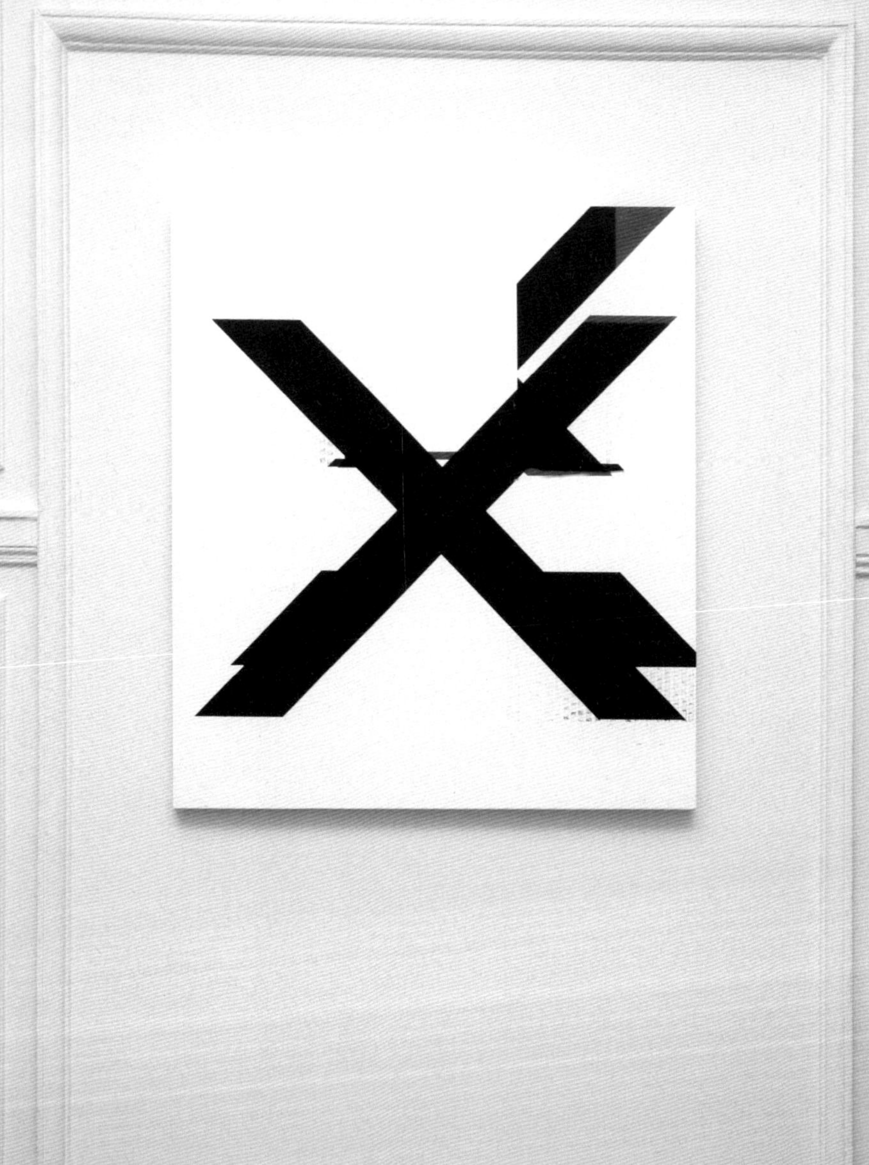

Ils sont pein

John Armleder
Robert Barry
Daniel Buren
Stéphane Dafflon
Loris Gréaud
Wade Guyton
Bertrand Lavier
Steven Parrino
Manfred Pernice
Florian Pumhösl
Niele Toroni

Luca Cerizza
Il sont peintres

L'histoire que nous aimerions vous conter ici commence il y a
une quarantaine d'années. Le 3 janvier 1967, quatre jeunes artistes ont une idée plutôt audacieuse: Daniel Buren (France,1938),
Olivier Mosset (Suisse, 1944), Michel Parmentier (France, 1938-
2000) et Niele Toroni (Suisse,1937) entrent au 18ème Salon de la
Jeune Peinture à Paris et se mettent à produire leurs œuvres devant le public visitant l'exposition. C'est la première fois qu'ils
travaillent ensemble; réunis sous la bannière du groupe BMPT,
l'aventure durera une année. En ce jour de janvier, chaque artiste produit un motif géométrique simple: de la peinture blanche
sur une série de bandes verticales rouges et blanches (d'une lar-
geur de 8,7 cm chacune), imprimées sur du tissu pour Buren; un
cercle noir au milieu d'une toile blanche pour Mosset; de larges
bandes horizontales blanches et grises pour Parmentier; des
traits de pinceaux identiques, toujours placés à la même distance les uns par rapport aux autres, pour Toroni. En voyant les artistes à l'œuvre, un visiteur se demande d'ailleurs s'il n'est pas
venu trop tôt à l'exposition. A la fin de la journée, chacun retire
son œuvre de la galerie et la remplace par une déclaration sur le
mur «BUREN, MOSSET, PARMENTIER, TORONI N'EXPOSENT PAS».
Un enregistreur laissé sur place incite les visiteurs à «devenir intelligents». D'autres messages de propagande polémique criti
quent le statut de l'art, le qualifiant de «distraction» et de «faux».
Enfin, BMPT proclame: «Nous ne sommes pas peintres».

Luca Cerizza
THEY ARE PAINTERS

The story, as we would like to tell it here, begins
about forty years ago. On January 3rd 1967, four young
artists came up with quite a daring idea. Daniel Buren
(France, 1938), Olivier Mosset (Switzerland, 1944),
Michel Parmentier (France, 1938-2000) and Niele Toroni
(Switzerland, 1937) entered the 18th Salon de la
Jeune Peinture in Paris and started to produce their
works right in front of the public visiting the
exhibition. It was the first time they worked together;
united as BMPT, the group would last for one year. That
day in January, each artist produced a simple geometric
pattern: white paint on a series of vertical red-and-
white bands (each 8.7 cm wide) printed on fabric
for Buren; a black circle in the middle of a white canvas
for Mosset; large horizontal grey and white bands for
Parmentier; identical brush-strokes, always placed at the
same distance with respect to each other, for Toroni.
A visitor watching the artists at work wondered if he had
come too early to the exhibition. At the end of the day,
each removed his work from the gallery and replaced them
with one statement on the wall "BUREN, MOSSET, PARMENTIER,
TORONI N'EXPOSENT PAS" (Buren, Mosset, Parmentier, Toroni
do not exhibit). A tape recorder left behind urged
viewers "to become intelligent." There were other messages
of polemical propaganda criticizing the state of art
as a "distraction" and "false." Finally, BMPT proclaimed:
"Nous ne sommes pas peintres" (We are not painters).

Le titre de ce catalogue et l'installation au siège de BSI à Paris trouvent leurs racines dans cet intermède historique. Dans le même temps, en inversant le discours de BMPT – Ils sont peintres – le titre laisse entendre que cela aussi peut être considéré comme de la peinture. Loin de présenter un manifeste ou une proclamation d'indépendance, ce projet offre une alternative au succès fulgurant des courants figuratifs, néo-expressionnistes et narratifs qui ont parcouru la peinture au cours des dernières années. La peinture, telle qu'elle est considérée ici, évite toute trace d'illusion et de métaphore. C'est un lieu pour présenter plutôt que représenter un objet qui s'expose lui-même, dans sa propre forme concrète, tout en remettant en cause sa condition et son identité, sous un angle aussi bien analytique qu'ironique. *Ils sont peintres* évoque quelque chose ressemblant à de la peinture mais qui n'en est pas au sens littéral du terme et laisse entrevoir la possibilité d'en traiter le support, l'histoire, le langage et les paramètres sans la produire réellement.

Je ne suis pas certain que BMPT et les autres artistes de cette génération soient parvenus à nous rendre, nous le public, «plus intelligents». Mais nul doute qu'ils ont fait de leur mieux pour y parvenir. Ils n'étaient cependant pas les premiers (il y a toujours un prédécesseur). A la fin des années 50 – début des années 60, un certain nombre d'artistes américains dont Frank Stella,

The title of this catalogue and the installation of
the Parisian office of BSI is rooted in this historical
interruption. At the same time, by reversing the
statement of BMPT - *Ils sont peintres* (They are painters)
- the title suggests the possibility that this *also* can
be painting. Far from offering a manifesto or a
proclamation of independence, this project identifies
an alternative to the overwhelming success of the
figurative, neo-expressionist and narrative waves that
have run through painting in recent years. Painting, as
considered here, avoids every illusionist and meta-
phorical possibility. It is a place to *present* rather
than to *represent*, an object that exhibits itself in
its own concrete form while at the same time questioning
its condition and identity, in ways that can be as
analytic as they are ironic. *Ils sont peintres* is about
something that looks like painting but is not literally
painting and indicates the possibility of addressing
the medium, its history, language and parameters without
really producing it.

Brice Marden, Robert Ryman, Robert Mangold, et d'artistes européens tels Enrico Castellani, Piero Manzoni et François Morellet, notamment[1], ont commencé à s'intéresser aux principes mêmes du «précepte» moderniste tel qu'exprimé par le critique américain Clement Greenberg dans sa défense active des Expressionnistes abstraits. Il s'agit d'une critique radicale de l'idée de la peinture en tant que périmètre où s'expriment des sentiments personnels, voire intimes; l'endroit où se produit une histoire, une action ou un drame (comme dans la peinture existentielle qui émerge au lendemain de la 2ème Guerre mondiale). En définitive, la toile n'est donc pas une fenêtre, ni une vue ou un trou de serrure. Ce n'est pas un espace pour se perdre, ni un vecteur pour une échappée mystique, ni un tremplin vers un «ailleurs» (ce qui était toujours le cas pour Fontana et Klein, pour citer deux exemples notoires). Pas de figuration, pas d'illusion, pas de rêve, pas de drame. La peinture est un objet, une forme, une surface: minimaliste, souvent monochrome, géométriquement plane: «Ce que vous voyez est ce que vous voyez» (Stella). Ces artistes tendaient à une réduction absolue à ce que nous pourrions appeler la «peinture-peinture», une idée de la peinture en tant que moyen d'expression analytique et autoréflexif. Quelques années plus tard cependant, vers le milieu des années 60, de jeunes artistes exigent davantage de cette surface plane et dénuée d'illusions. Ils veulent conserver le caractère autoréflexif

---

1   En utilisant une approche différente, Giulio Paolini est également une figure-clé de
    ce discours au sujet de la peinture, déjà au travers de son *Disegno Geometrico* (1960)

I am not sure if BMPT and other artists of that
generation succeeded in making us, the public, "more
intelligent". But we can certainly say that they tried
hard. They were not the first ones though (no one is
the first). From late 50s and early 60s, a number
of American artists such as Frank Stella, Brice Marden,
Robert Ryman, Robert Mangold, and European artists
like Enrico Castellani, Piero Manzoni and François
Morellet, among *others*[1], started to address the very
principles of the modernistic "dictate," as expressed
by American critic Clement Greenberg in the energetic
defence of the Abtract Expressionists. It was a radical
critique of the idea of painting as a perimeter
where personal, even intimate feelings, are expressed;
where a story, an action or a drama happens (as in the
existential painting that emerged after World War II).
So, the canvas is not a window after all, not
a veduta, nor a peep hole. It is not a space where
you can lose yourself, not a vehicle for mystical
escapism, nor a trampoline towards "somewhere else"
(which was still the case for Fontana and Klein,
to name two main examples). No figuration, no illusion,
no dream, no drama. The painting is an object, a shape,
a surface: minimal, often monochrome, geometrically
flat: "What you see is what you see" (Stella). These
artists aimed for an absolute reduction to what we could
call "painting-painting," an idea of painting as an

1   While using a different approach, another key figure
    in this discourse on painting is Giulio Paolini, already
    in his *Disegno Geometrico* (1960).

et autoréférentiel de la peinture tout en prenant en compte la réalité en dehors du périmètre de la toile. Ils veulent parler de l'espace autour de la peinture et de nous, le public, devant la peinture.

Pour BMPT, la peinture est l'instrument idéal en tant que l'outil, le langage le plus prestigieux, riche d'une longue et noble histoire. On pourrait qualifier leur intermède historique d'attaque de l'intérieur. C'était une invitation à s'interroger, une fois encore, sur l'identité de la peinture et sur ses possibilités en tant que moyen d'expression. En 1966 déjà, **Niele Toroni** découvre une façon de revenir aux fondements du geste véritable du peintre, c'est-à-dire de l'artiste. Son but est de produire «de la peinture plutôt que des peintures (tableaux)»[2]. Rien d'héroïque en cela: «Un pinceau n°50 est appliqué à intervalles réguliers de 30 cm sur un support donné.» Le même geste est répété comme une règle, parfois sur de la toile, parfois sur du papier, souvent directement sur les murs, dans un strict dialogue avec le contexte architectural[3]. Chaque signe est anonyme, dénudé devant nous. Chaque signe revêt la même importance. Chaque signe est une signature et, simultanément, la marque d'un travail exécuté: une tache et une tâche, comme pourrait l'observer Anne Rorimer[4]. Mais la répétition fait perdre à la marque de fabrique de l'artiste son statut sacré. Toroni se comporte comme une machine, ou mieux

2   Anne Rorimer, New art in the 60s and 70s, Thames & Hudson, London, 2001, p. 45.
3   Deux de ces trois typologies sont représentées au siège parisien de la BSI
4   *Idem*, p. 46.

analytic and self-reflexive medium. Already a few years later though, approximately from the middle of the 60s, young artists wanted more from that not-illusionist and flat surface. They wanted to keep the self-reflexivity and self-referentiality of painting while addressing the reality outside the perimeter of the canvas. They wanted to talk about the space around the painting and about us, the public, in front of the painting.

For BMPT, painting was the perfect tool because it was *the* tool, the most prestigious language, with a noble and long history. Their historical interruption was an attack from within, we can say. It was an invitation to reflect, once again, on painting's identity and possibilities as a medium. Already in 1966 Niele Toroni discovered a way of going back to the basics of the very gesture of the painter, that is to say of the artist. His goal was to produce "painting more than actual paintings"[2]. Nothing heroic at all: "On the given support, a brush no. 50 is applied at regular distances of 30 cm." The same gesture is repeated like a rule, sometimes on canvas, sometimes on paper, often directly on the walls, in a strict dialogue with the architectural context[3]. Every sign is anonymous, bared in front of us. Every sign is as important as the other. Every sign

2   Anne Rorimer, *New Art in the 60s and 70s*, Thames & Hudson, London, 2001, p. 45.
3   Two of the three typologies are represented in the BSI rooms in Paris.

encore, comme un peintre plutôt que comme un artiste. Il dit d'ailleurs: «Je suis seulement un peintre» opposant le sens littéral au sens figuratif. Pour Toroni, aujourd'hui comme en 1967, la peinture est l'occasion d'affirmer sa qualité de non-auteur et de non-autorité. Chaque coup de pinceau est le révélateur d'une personne plus que la marque de fabrique d'un génie.

Pour d'autres, artistes, critiques d'art, intellectuels, ces gestes audacieux ressemblent à de la peinture mais sont en fait autre chose. Le terme de «critique institutionnelle» a été avancé. On peut dire sans crainte de se tromper que le programme polémique et politique de BMPT a été mis en œuvre moyennant une intense activité artistique et théorique, en particulier par **Daniel Buren**. *Peinture aux formes indéfinies* (1966) est un exemple de l'une des démarches suivies par Buren entre 1964 et 1967, de l'utilisation de la peinture au début de sa carrière à son abandon définitif. L'œuvre documente un moment du discours de Buren sur la peinture dans lequel les motifs décoratifs, rappelant certains principes d'Henri Matisse, et la peinture figurent encore sur la toile. Cette typologie est, comme l'a écrit Bernard Blistène, «l'expression des conflits entre la forme et l'informe, la ligne droite et la courbe, ce qui est peint et ce qui ne l'est pas»[5].

Lors du Salon de 1967, Buren peindra une couche de blanc sur ses propres bandes blanches de tissu comme pour souligner

---

5   B. Blistène, "On the Power and Authority of Painting", dans *The Eye of the Storm*, catalogue de l'exposition du Musée Guggenheim, New York, 2005, section 2, Vol. I, p. 2.

is a signature and, at the same time, the mark of
a job executed: a *tache* (spot) and a *tâche* (task), as
Anne Rorimer would observe[4]. But the trade-mark of the
artist loses its sacred status through repetition.
Toroni acts like a machine or, even better, as a painter
rather than as an artist. He would, in fact, say:
"I am *only* a painter" posing the literal against the
figurative. Painting is, for Toroni, now as in 1967,
a possibility of affirming its non-authorial and
non-authoritarian quality. Each and every stroke of
a paint brush is the sign of a person more than
the trademark of a genius.

For others - artists, art-critics, intellectuals - those
daring gestures looked like painting but were actually
something else. Someone called it "institutional
critique." It can be said without a doubt that the
polemical, political agenda of BMPT has been carried on
through an intense artistic and theoretical activity,
especially by <u>Daniel Buren</u>. *Peinture aux formes
indéfinies* (1966) is an example of one the steps that
Buren took from 1964 to 1967, from the use of painting
at the beginning of his career, to its definitive
abandonment. The work documents a moment in Buren's
discourse on painting when decorative patterns,
reminiscent of certain principles of Henry Matisse, and
the paint were still present on the canvas. This typology
is, as Bernard Blisténe wrote, "the expression of the

4   *Idem*, p. 46.

l'absence d'illusion du geste. Peu après, il présentera comme de la «peinture» des morceaux de tissu produits industriellement montés sur des châssis. A partir de fin 1967, Buren cesse d'utiliser la peinture et laisse les limites du périmètre de ses interventions conçues et réalisées «in situ». Il s'interroge sur ce qu'il y a au-delà de la peinture sans vraiment exclure la notion de peinture en soi. En fait, comme le suggère Lyotard, l'œuvre de Buren, dans son ensemble, remet en question non seulement la peinture mais aussi ce que signifie «penser peinture». Voilà pourquoi l'idée même de cadre, de périmètre de la peinture, associée aux souvenirs de son histoire et à son contexte, se retrouvent constamment dans plusieurs de ses interventions, et ce jusqu'à nos jours. Prenons d'autres œuvres de la BSI Art Collection, par exemple *Cadre fragmenté B* (1991), un cadre «explosé» de bandes blanches de Plexiglas sur un mur peint dans n'importe quelle couleur, et *Peinture sur peinture* (1991), présenté au siège parisien de BSI-Ifabanque. Sur un morceau carré de Plexiglas transparent recouvert de ses bandes typiques, Buren ouvre un cadre qui révèle sans aucune ambiguïté le mur derrière l'œuvre. Mais, est-ce vraiment le mur? Où est l'œuvre et où est le mur? Qu'est-ce qu'un cadre et qu'est-ce que l'encadrement? Selon Buren, «Ce qui entoure la peinture me semble plus important et stimulant que la peinture elle-même – peut-être parce que son contexte a été ignoré pendant trop longtemps. En disant cela, je n'exprime

conflicts between shape and shapelessness, the straight line and the curve, the painted and the unpainted"[5].

At the 1967 Salon, Buren will paint a coat of white over his own white stripes of fabric, as if to stress the non-illusionist nature of the gesture. Soon after, he will show as "painting" portions of industrially produced fabric mounted on stretchers. Since the end of 1967, Buren abandoned the use of painting and left the limitations of the perimeter for interventions to be conceived and realized "in-situ." He will start an investigation into what goes beyond painting without really excluding the notion of painting per se. In fact, as Lyotard suggested, Buren's œuvre as a whole questions not only painting but also what "thinking painting" might mean. That is the reason why the very idea of the frame, of the perimeter of the painting, together with the memories of its history and context, will constantly recur in a number of his interventions, right up to the present. Consider other works in the BSI Art Collection such as *Cadre fragmenté B* (1991), an "exploded" frame of white Plexiglas stripes on a wall painted in any chosen colour, and *Peinture sur peinture* (1991), presented in the Parisian BSI-Ifabanque branch. On a square, transparent piece of Plexiglas painted with his typical bands, Buren opened up a frame that reveals, with no ambiguity, the wall behind the work. But is that really the wall? What is the work and what is wall?

5   B. Blistène, 'On the Power and Authority of Painting', in
    The Eye of the Storm, catalogue of the exhibition at
    The Guggenheim Museum, New York, 2005, section 2, Vol.I, p.2.

pas un jugement de valeur mais je remets en cause la valeur des jugements. En dernière analyse, qu'est-ce qu'une peinture sur un mur si ce n'est un arrangement décoratif de couleurs? En d'autres termes, est-ce le mur qui sert de décoration à la peinture ou la peinture qui décore le mur? Quelle que soit la réponse, l'un ne peut exister sans l'autre».[6]

Plus ou moins à la même époque, de l'autre côté de l'océan, **Robert Barry** (Etats-Unis, 1936) soulève des questions similaires. Au début de sa carrière, Barry analyse en profondeur la logique interne et la structure de la peinture, ainsi que sa relation avec son environnement. De 1963 à 1967, suivant une procédure cohérente et précise, Barry redéfinit les limites du périmètre et l'espace autour de la toile tout en les incorporant comme les éléments d'un dialogue avec le spectateur et le contexte. Avec une œuvre comme *Sans titre* (1965), Barry s'interroge sur la relation entre la peinture et son support (la toile), entre le premier plan et l'arrière-plan, entre ce qui fait autorité visuellement et ce qui ne le fait pas, ce qui devrait être examiné de près et ce qui devrait être ignoré. Un élégant monochrome bleu est littéralement défiguré par trois bandes verticales qui révèlent le support nu de la toile en dessous. L'espace de la toile sollicite l'attention à travers la surface pointe: en définitive, c'est une question de pouvoir et d'autorité.

6   Daniel Buren, *Autour de «Ponctuations»*, Le Nouveau Musée, Villeurbanne-Lyon, 1980, mais aussi dans Daniel Buren, *Les Ecrits (1965-1990)*, capc Musée d'art contemporain, Bordeaux, 1991, Vol. II, pp. 270-271

What is a frame, and what is framing? To use Buren's words, "What surrounds the painting seems to me more important and stimulating than the painting itself - perhaps because its context has been ignored for too long. By that I am not expressing a value of judgment but questioning the value of the judgments. In the last analysis, what else is a painting on a wall if not a decorative arrangement of colours? In other words, is it the wall that acts as a decoration to the painting or the painting that decorates the wall? Whichever it is, one cannot exist without the other"[6].

Around the same time, on the other side of the ocean, Robert Barry (USA, 1936) was raising similar questions. During the early years of his career, Barry radically scrutinized the internal logic and structure of painting and its relation with its surroundings. From 1963 to 1967, through a coherent and precise procedure, Barry redefined the limitations of the perimeter and the space around the canvas while including them as elements of a dialogue with the viewer and the context. With a work such as *Untitled* (1965), Barry questions the relation between the painting and its support (the canvas), between the foreground and the background, between what has visual authority and what has none. An elegant blue monochrome is literally altered by three

6   Daniel Buren, *Autour de 'Pontuactions'*, Le Nouveau Musée, Villeurbanne-Lyon, 1980, and again in Daniel Buren, *Les Écrits (1965-1990)*, capc Musée d'art contemporain, Bordeaux, 1991, Vol. II, pp. 270-271.

Poursuivant son exploration, Barry produit également des petits monochromes, de différentes formes géométriques, qui sont accrochés au mur en formant diverses constellations. L'œuvre est désormais la relation entre l'œuvre et le mur, en d'autres termes, l'œuvre-plus-le-mur. Prenez *Sans titre* (1967), un diptyque composé de deux peintures monochromes en deux couleurs et accroché à quelques centimètres du coin du mur à une distance spécifiée par l'artiste. La toile perd son autonomie et prend part à un dialogue relationnel et voluptueux avec l'architecture. Ainsi, l'œil commence à remarquer le mur derrière la peinture et autour. L'intervalle entre les deux devient aussi important que les peintures elles-mêmes: le pouvoir, une fois inscrit à l'intérieur des frontières sacrées de la toile, est définitivement perdu. La peinture fait partie d'une configuration d'éléments, tous égaux entre eux.

Avec cette œuvre et d'autres pièces semblables conçues à partir de 1967, «Barry décentre l'espace pictural et reconfigure radicalement la relation spatiale de l'observateur avec l'œuvre d'art qui a été si soigneusement et si minutieusement structurée au travers des systèmes de perspective de l'art occidental»[7]. En démantelant méticuleusement tout point de vue figé, toute position hiérarchique, Barry – ici et dans sa recherche artistique postérieure – «fait naître la possibilité que l'objet d'art ou l'acte créatif présenté au spéculateur soit une incitation à considérer sa propre liberté»[8].

7   John T. Paoletti, "Spaces Liberated for Thought", dans *Some places to which we come. Robert Barry, Works 1963 to 1975*, p. 25.
8   Idem, p. 29.

vertical stripes that reveal the naked support of the
canvas underneath. The space of the canvas calls
for attention through the painted surface: in the end,
a question of power and authority.

As a further step in this exploration, Barry
will produce small monochromes, in various geometrical
shapes, to be hung on the wall in different constellations. The work is now the relationship between
the work and the wall, in other words, the-work-plus-
the-wall. Take *Untitled* (1967), a diptych made
of two monochrome paintings in two colours and hung
a few centimetres from the edge of the wall at a distance
specified by the artist. The canvas loses its autonomy
and takes part in a relational and sensuous dialogue with
architecture. Now the eyes start to notice the wall
behind and around the painting. The distance between the
two becomes as important as the paintings themselves:
the power, once inscribed within the sacred borders
of the canvas, is definitely lost. Painting is part of
a configuration of elements, each equal to the other.

With this work and similar ones from 1967, "Barry
de-centers pictorial space and radically reconfigures
the viewer's spatial relationship to the work of art
that has been so carefully and elaborately structured
through the perspective systems of western art"[7].

7   John T. Paoletti, 'Spaces Liberated for Thought', in *Some places
     to which we can come. Robert Barry, Works 1963 to 1975*, p.25.

Alors que Buren et Barry traitent la peinture comme un objet conjugué à l'espace qui l'entoure, les pièces de mobilier de **John Armleder** (Suisse,1948) transforment la peinture en un objet conjugué à un autre objet. Au début des années 80, Armleder réalise des peintures qui sont exécutées en fonction de meubles achetés sur les marchés aux puces ou dans des boutiques de design. La peinture perd sa supériorité sur l'objet utilitaire, neuf ou d'occasion; la peinture et l'objet deviennent deux éléments du même jeu dans le cadre de l'histoire des styles et des idées, quel que soit le moyen d'expression adopté. L'artiste devient une sorte de producteur de musique ou de DJ, en quête du mixage parfait des styles. En lieu et place d'un dialogue entre le spectateur et la toile, avec d'éventuels sous-titres sur l'autorité et le pouvoir, il est question de décor, de tirer le maximum du marché aux puces perpétuel qu'est devenue l'histoire pour les postmodernistes.

L'ironie est un autre outil pour remettre en cause l'autorité de l'histoire en général et celle de l'histoire de l'art en particulier. C'est l'instrument favori de **Bertrand Lavier** pour jouer avec tous les processus de représentation et de légitimation. L'artiste donne une version personnelle de la tradition du ready-made en altérant l'objet re-présenté dans le contexte artistique. Les objets dont se sert Lavier ne sont pas des objets trouvés, mais des

By carefully dismantling any fixed point of view, any
hierarchical position, Barry - here and in his subsequent
artistic research - "raises the possibility that the
art object or the creative act presented to the viewer
is an incentive to consider his or her freedom"[8].

While Buren and Barry treat painting as an object
plus the space that surrounds it, the furniture pieces of
John Armleder (Switzerland, 1948) transform painting
into an object plus another object. In the early 80s,
Armleder made paintings that were executed in relation
to furniture bought at flea markets or design shops.
Painting loses its superiority to the useful commodity,
brand new or second-hand; painting and commodity become
two parts of the same game within the history of
styles and ideas, no matter what medium is adopted. The
artist becomes a sort of music producer or DJ, looking
for the perfect mix of styles. Instead of a dialogue
between viewer and canvas, with possible subtexts about
authority and power, there is a matter of décor, of
making the best out of the never-ending flea market that
history, for the postmodernists, has become.

Irony is another tool to question the authority of
history in general and art history in particular. It's
Bertrand Lavier's favourite instrument to play with in
every process of representation and legitimation. The
artist gives a personal version of the ready-made tradition
by altering the object re-displayed in the art context.

8   *Idem*, p. 29.

objets parfaitement fonctionnels et, parfois, des «objets du désir» de par leur statut et leur fonction (une Ferrari, un piano, un réfrigérateur). Lavier étale une épaisse couche de peinture sur la totalité de la surface de ces objets. Ce geste leur confère une apparence relativement expressionniste, comme s'ils avaient été altérés. Mais les choses ne sont pas vraiment ce qu'elles semblent être ici. Grâce à ce geste artistique péremptoire, les objets de Lavier acquièrent une plus-value, à la fois symbolique et monétaire, et deviennent eux-mêmes, tout au moins à l'aune des règles du marché, des «objets du désir». Au cours des dernières années, Lavier a produit une série d'œuvres qui ressemblent à des peintures mais ne sont que partiellement de la peinture. Dans une œuvre comme *Stresa n.1* (2005), un tissu produit industriellement en Suède est étendu sur une toile. Au centre de la toile, l'artiste applique une épaisse couche de peinture en utilisant les mêmes couleurs et les mêmes motifs que le tissu. Ce faisant, Lavier, comme Armleder, marque métaphoriquement le lien, voire l'équivalence entre le statut du design et celui de la peinture, entre la production industrielle et l'intervention manuelle, tout en remettant en cause une nouvelle fois notre monde de signes et de valeurs. L'œuvre de Lavier détruit l'autorité de l'acte de peindre ou plutôt de la peinture (matière) en tant que support central du moyen d'expression. Si Toroni réalise une sorte de parodie du geste vénérable de l'artiste, Lavier exploite le geste dans tout ce qu'il a de grandiose.

The objects used by Lavier are not found objects but
perfectly functional ones and, in some cases, "objects
of desire" based on their status and their function
(a Ferrari car, a piano, a refrigerator). Lavier spreads
a thick layer of paint over the entire surface of
these objects. This gesture gives them a rather expres-
sionist appearance, as if they had been corrupted.
But things are not really what they seem to be here.
Thanks to his authoritative gesture as an artist,
Lavier's objects have acquired surplus value - both
symbolic and monetary - and become, at least according to
the rules of the market, "objects of desire" themselves.
In the last few years, Lavier produced a series of
works that looked like paintings but are only partially
paintings. In a work like *Stresa n.1* (2005), a fabric
industrially produced in Sweden was stretched across
a canvas. On the central part of the canvas, the artist
has applied a thick layer of paint with the same
colours and patterns of the fabric. By doing so, Lavier,
like Armleder, has   marked the link or even
the equivalence between the status of design and the
status of painting, between industrial production and
manual intervention, while questioning again our world of
signs and values. Lavier's work undoes the authority
of painting or rather of paint, the central material of
the medium. If Toroni almost made a parody of the
artist's grand gesture, Lavier exploits the gesture
for all its grandiosity.

L'idée du monochrome, l'espace purement mental, est l'une des nombreuses utopies qui marquent l'histoire de la peinture. Au long d'une carrière trop brève et trop longtemps méconnue, **Steven Parrino** (Etats-Unis, 1958-2005) s'attaque à son périmètre sacré armé d'une nouvelle série d'outils. Il adopte notamment une attitude punk-rock nihiliste, imprégnée du côté sombre des sous-cultures américaines: un côté ténébreux mais aussi sexy. Son goût de la destruction entraîne Parrino vers une conception dynamique, alternative de la tradition monochrome. Ses peintures sont retouchées, voire violentées, de différentes façons: déchirées d'un trou en leur centre; violemment décrochées des mains de l'artiste; froissées pour former une boule de matière chiffonnée, créant les vestiges définitifs d'une longue et noble tradition. Dans une toile étirée comme *Entropia Derelict* (1995), Parrino se sert d'une action manuelle simple et rapide pour synthétiser deux grands mouvements de la peinture moderniste: l'expressionnisme abstrait et le monochrome. La toile est altérée d'une façon qui rappelle à la fois les dégradations du vandalisme et la précision de la restauration. En un geste dramatique, Parrino altère la surface plane, nette du monochrome tout en conservant toute son énergie potentielle et en réaffirmant sa vitalité.

The idea of the monochrome - the pure mental space -
is one of the many utopias that mark the history of
painting. During a career that was too short and for too
long underrated, <u>Steven Parrino</u> (USA, 1958-2005)
launched an attack on its sacred perimeter using a new
set of tools. Among them was a nihilist punk-rock
attitude, imbued with the dark side of American sub-
cultures: something gloomy, but sexy too. An appetite
for destruction moved Parrino towards dynamic,
alternative takes on the monochrome tradition.
paintings are altered, if not violated, in different ways:
opened up with a hole at the centre; violently pulled
down with the hands of the artist; scrunched up
into a ball of corrugated matter, creating the definitive
left-over of a long and noble tradition. In a pulled
canvas like *Entropia Derelict* (1995), Parrino uses
a simple and quick manual action to synthesise two major
movements in modernist painting: the abstract expres-
sionist and the monochrome. The canvas is altered
in a way that recalls both the defacement of vandalism
and the precision of restoration. In one dramatic
gesture, Parrino corrupts the flat, clean surface of
the monochrome while maintaining all its potential
energy and re-affirming its vitality.

If Toroni produces paint(ing) by acting like a machine
and Parrino attacks the painting with his own body,
<u>Wade Guyton</u> (USA, 1972) gives a personal and updated
version of the role of the artist in relation to both the
production process and originality. Guyton's works are,
for the most part, objects that look very much like

Si Toroni produit de la (des) peinture(s) en se comportant comme une machine et que Parrino s'attaque à la peinture avec son propre corps, **Wade Guyton** (Etats-Unis, 1972) donne une version personnelle et actualisée du rôle de l'artiste dans son rapport au processus de production et à l'originalité. Les œuvres de Guyton sont, pour la plupart, des objets qui ressemblent beaucoup à des peintures, mais n'en sont pas. En fait, il choisit généralement une image, parfois une illustration tirée d'un catalogue d'art, qu'il altère au moyen d'infographies; plus récemment, il se contente de taper un simple signe iconique, comme un X, sur son ordinateur. Ces images ou ces signes sont ensuite imprimés sur une toile, à l'aide d'une grosse imprimante Epson. Les œuvres qui en résultent portent clairement les stigmates d'une lutte entre la machine et le matériau. Cette lutte permet à chaque œuvre d'être unique, de conserver sa propre individualité. Par le biais de la reproduction mécanique, Guyton obtient toute une série de résultats différents, qui imitent le geste physique propre à l'artiste. L'idée d'originalité et de reproduction est examinée avec soin dans ses simulacres de peintures, qui affichent le glamour de Warhol empreint d'un charme nostalgique. L'originalité devient superflue lorsque les forces utopistes de la modernité sont réactivées par le seul fait de la reproduction mécanique, comme autant de souvenirs d'une époque irrémédiablement révolue.

paintings, but they are not. In fact he usually chooses
an image, sometimes an illustration from an art
catalogue, and alters the image with computer graphics;
more recently, he just types a simple, iconic sign,
such as an X, on his computer. These images or signs are
then printed on a canvas, using a large-size Epson
printer. The resulting works clearly show the signs of
a struggle between the machine and the material.
This struggle allows all the works to have their own
uniqueness, to maintain their own individuality.
By means of mechanical reproduction Guyton obtains
a variety of different results, which mimic the
individual physical gesture of the artist. The idea of
originality and reproduction come under scrutiny
in his painting look-alikes, which combine
Warholian glamour with nostalgic allure. Originality
becomes redundant when the utopian forces of modernity
are reactivated only by means of mechanical reproduction,
as so many memories of a time irreparably gone by.

The production process plays a fundamental role in the
work of Loris Gréaud (France, 1979). Painting is not his
favourite medium, but it would be hard to determine
what actually is. Like a sort of schizoid movie-director
or a hyper-active editor, Gréaud builds up an
intricate and elaborated net of collaborations with
representatives of different fields: architects, graphic
designers, musicians, writers, engineers are often part
of complex projects that "are not much things-in-

Le processus de production joue un rôle fondamental dans l'œuvre de **Loris Gréaud** (France, 1979). La peinture n'est pas son moyen d'expression favori, mais ce dernier reste difficile à déterminer. Comme une sorte de réalisateur de films schizoïde ou d'éditeur hyperactif, Gréaud bâtit un réseau compliqué et élaboré de collaborations avec des représentants de différentes disciplines: architectes, graphistes, musiciens, écrivains, ingénieurs participent souvent à des projets complexes qui «ne sont pas tant des objets en eux-mêmes mais plutôt des machines ou des programmes, voire des formules magiques pour engendrer un changement»[9]. Ces projets superposant plusieurs couches, qui semblent tout droit sortis d'un laboratoire futuriste, intègrent toutes sortes de moyens d'expression. Les deux œuvres présentées ici reproduisent deux étapes d'un processus complexe qui associe conception, production et documentation. Pour son exposition personnelle au Plateau à Paris (*Silence Goes More Quickly When Played Backwards*, 2005), Gréaud souhaite créer une série de sculptures-objets et d'installations. Il invite Didier Ghislain, un designer du bureau de Jean Nouvel, à dessiner les objets qu'il a en tête. Ces dessins deviennent les esquisses pour la production des œuvres exposées. Chaque œuvre est ensuite documentée photographiquement sous différents angles. Gréaud demande ensuite au peintre vietnamien de réaliser une peinture à partir de chaque photographie dans un style hyperréa-

9   Tom Morton, «Loris Gréaud», *Frieze*, n.98, Avril 2006, p.143.

themselves but rather machines or programmes or even spells for effecting change"[9]. All kinds of media are part of these multi-layered projects that seem to come out of a futuristic laboratory. The two works presented here capture two steps in a complex process that involves conception, production and documentation. For his solo show at Le Plateau in Paris (*Silence Goes More Quickly When Played Backwards*, 2005), Gréaud intended to produce a series of object-sculptures and installations. He invited Didier Ghislain, a designer from Jean Nouvel's office, to draw the objects he had in mind. These drawings became the sketches for the production of the works in the exhibition. Each work was then documented photographically from different perspectives. Gréaud then asked a Vietnamese painter to make a painting out of each photograph in a hyperrealist style. After this re-documentation, the photographs were destroyed. Now each executed painting remains the only surviving record of the piece produced. *Eye of the Duck* (2005), an architectural unit designed as a dwelling place for mallards in a seventies sci-fi style, was one of the objects drawn, produced, documented and re-documented in the show and is also the subject of the two works presented here. Installed in front of each other in the same room, the drawing (*Eye of the Duck - Tomorrow right now*, 2005) and the painting (*Eye of the Duck -ErsatZ hyperreality substitute paintings*, 2007) function as witnesses of Gréaud's multi-layered process. They are two steps in

9 Tom Morton, 'Loris Gréaud', *Frieze*, n.98, April 2006, p.143.

liste. Une fois cette re-documentation effectuée, les photos sont détruites. Dès lors, chaque peinture exécutée demeure le seul vestige de la pièce produite. *Eye of the Duck* (2005), un ensemble architectural conçu comme lieu d'habitation pour les colverts dans un style de science-fiction des années 70, est l'un des objets dessinés, produits, documentés et re-documentés dans le cadre de l'exposition. C'est aussi le sujet des deux œuvres présentées ici. Installés en face l'un de l'autre dans la même pièce, le dessin (*Tomorrow right now,* 2005) et la peinture (*ErsatZ hyper-reality substitute paintings,* 2007) sont les témoins du processus multicouches de Gréaud. Ce sont deux étapes dans une chaîne évolutive dont l'objet à proprement parler est absent. Dans cette perspective temporelle, il y a un «avant» et un «après», mais pas de «présent». Lorsqu'on ne peut plus se fier totalement aux images, la peinture peut se substituer à la documentation scientifique: quelque chose de plus réel que le réel ou, sans doute, d'aussi illusoire que les autres maillons de la longue chaîne des fictions.

Au lieu d'imiter la machine, certains artistes contemporains placent l'ordinateur au cœur même du processus de production. **Stéphane Dafflon** (Suisse, 1972) utilise des outils numériques pour dessiner des images abstraites et ludiques qui sont ensuite réalisées sur une toile ou directement sur un mur où elles acquiè-

a chain of developments where the actual object is
missing. In this time perspective, there is a "before"
and an "after" but no "now." When images can no longer
be fully trusted, painting can become a substitute
for scientific documentation: something more real than
real or, probably, as illusionary as the other steps
in the long chain of fictions.

Instead of mimicking the machine, some contemporary
artists have placed the computer at the heart of
the production process. Stéphane Dafflon (Switzerland,
1972) uses digital tools to design abstract and
playful images that are later realized on a canvas or
directly on a wall where they assume a spatial aspect,
sometimes in combination with sculptural forms.
In Dafflon's works, the history of abstraction and the
pop imaginary (music, graphic design, corporate
styles, commercial logos) share a continuous dialogue,
making "high" and "low" into obsolete opponents.
Once these signs, symbols and forms leave the flatness
of the screen, they float as pure décor, airless
images that seems suspended in a never-ending present.

For Armleder, Lavier and Dafflon, the history of art
and of painting becomes a game of appropriation where
hierarchical categories are flattened into equal
relations, established through visual and physical
proximity. It is a question, not so much of nostalgia
here, but rather of being constantly open to the flux of
images and signs: history as a fun palace. By contrast,
Manfred Pernice (Germany, 1963) and Florian Pumhösl

rent une dimension spatiale, associées parfois à des formes sculpturales. Dans les œuvres de Dafflon, l'histoire de l'abstraction et l'imaginaire pop (musique, graphisme, corporate styles, logos commerciaux) sont engagés dans un dialogue continu, rendant l'opposition haut/bas obsolète. Dès lors que ces signes, symboles et formes quittent la surface plane de l'écran, ils flottent comme un pur décor, images immatérielles comme suspendues dans un présent perpétuel.

Pour Armleder, Lavier et Dafflon, l'histoire de l'art et de la peinture devient un jeu d'appropriation, où les catégories hiérarchiques sont aplanies en relations d'égalité, établies par le biais de la proximité visuelle et physique. Il s'agit ici non pas tant de nostalgie que d'être en permanence ouvert au flux des images et des signes: l'histoire comme un «fun palace» (palais des plaisirs). Par contraste, **Manfred Pernice** (Allemagne,1963) et **Florian Pumhösl** (Autriche, 1971) font le choix clair et cohérent de se rallier aux idées et aux formes modernistes. Les deux artistes considèrent le passé comme le lieu où émergent les fragments de souvenirs. Des vestiges de beauté, la vision fugitive d'un monde utopique se manifestent dans leurs œuvres de différentes manières. La peinture n'est pas vraiment un moyen d'expression mais l'un de ces souvenirs qui émerge soudain d'un site de fouilles dans les champs abandonnés de l'histoire. Les sculptures

(Austria, 1971) make a clear and consequent choice to relate to modernist ideas and forms. For both, the past is the place where fragments of memories emerge. Leftovers of beauty, glimpses of a utopian world manifest in their works in different ways. Painting is not really a medium but one of these memories that suddenly emerges from an excavation site in the abandoned fields of history. Pernice's sculptures and installations are always reminiscent of painting, despite their three-dimensional, architectural appearance. In organization and development, Pernice's works are painterly compositions with a distinct colour palette and geometrical forms. All of these elements are visible in *Untitled* (2007). A modernistic, spiral-like form is inhabited by references to the Parisian landscape: a fragment of a chimney pipe and a cheap water colour of Montmartre, the modernist artist haunt that has been degraded to a destination for tourist buses. Pernice, with a certain humoristic touch, combines a utopian time with memories that have become cliché images of the city. Painting - thinned to a water colour and reduced to a tourist trinket - is one of these memories, if not a left-over, from a once heroic moment in art history.

If Pernice acts like a habitué of the flea markets, Pumhösl has a more scientific approach and resembles an archaeologist of modernity with respect to both motives and materials. His paintings begin, not on canvas, but on old windows taken from Viennese houses; the artist covers the back of this glass support in a coat of black or white paint and then carefully adds

et installations de Pernice rappellent toujours la peinture malgré leur tridimensionnalité et leur aspect architectural. De par leur organisation et leur développement, les œuvres de Pernice sont des compositions de peintre avec une palette de couleurs et des formes géométriques distinctes. Tous ces éléments sont visibles dans *Sans titre* (2007). Une forme moderne, en spirale, est habitée par des références au paysage parisien: un fragment de tuyau de cheminée et une aquarelle bon marché de Montmartre, le rendez-vous de l'artiste moderne réduit au rang de destination pour les cars de touristes. Avec une note d'ironie, Pernice conjugue une époque utopique avec des souvenirs qui sont devenus des clichés de la ville. La peinture, diluée en aquarelle et réduite à une babiole pour touriste, est l'un de ces souvenirs, pour ne pas dire une relique, d'une période héroïque révolue de l'histoire de l'art.

Si Pernice se comporte en habitué des marchés aux puces, Pumhösl adopte une approche plus scientifique, tel un archéologue de la modernité au regard des motifs et matériaux qu'il utilise. Ses peintures naissent non pas sur la toile, mais sur de vieilles fenêtres récupérées sur des maisons viennoises; l'artiste recouvre le dos de ce support de verre d'une couche de peinture noire ou blanche avant d'ajouter soigneusement des formes et des motifs abstraits de différentes couleurs sur le devant de la vitre. Dans les œuvres de la série *Modernologie* (2007), des références au

abstract motives and forms in different colours on the front of the glass. In works from the series *Modernologie* (2007), references to Japanese avant-garde graphic design are all executed in fine straight lines that curve and then intersect with each other. Despite their modernist designs, the paintings remain tied to the past; the glass supports still bear the irregularities found on old Viennese windows - ridges, waves, small air bubbles that will never burst free - irregularities that have been smoothed out and forgotten by more progressive manufacturing methods. In a sense, Pumhösl's glass paintings are blinded *views*, once transparent windows that have been blackened over, all the better to show their own materiality as window panes along with visions from the history of art and design.

For all of the artists grouped here and certainly for others, painting is a tool to say something about itself as a medium and about what happens beyond the frame and the canvas. There are no fictional tales but rather questions about authority, power, representation, relations, legitimation, freedom, etc.. By refusing to tell a story about themselves, to fill the canvas with narration, these artists attempt to reveal something about us, the public. We are not transported to imaginary scenes, to narcissistic scenarios but asked to fill the immediate space between us and the painting.
    Grouping these artists according to particular issues, such as the relationship between support and surface or between the painting and the context, would have made your reading quicker and simpler.

graphisme japonais d'avant-garde sont toutes exécutées en de fines lignes droites qui s'incurvent puis s'entrecroisent. Malgré leur conception moderniste, les peintures restent rattachées au passé; les supports de verre portent toujours les irrégularités typiques des vieilles fenêtres viennoises – stries, vagues, petites bulles d'air qui n'éclateront jamais – des irrégularités qui ont été lissées et oubliées par des méthodes de fabrication plus avancées. D'une certaine façon, les peintures sur verre de Pumhösl sont des vues masquées/camouflées, des fenêtres autrefois transparentes qui ont été noircies, afin de mieux afficher leur propre matérialité, en tant que carreaux de fenêtres, associée à des visions issues de l'histoire de l'art et du design.

Pour tous les artistes regroupés ici et pour d'autres aussi certainement, la peinture est un outil pour dire quelque chose sur lui en tant que moyen d'expression et sur ce qui se passe au-delà du cadre et de la toile. Il ne s'agit pas de récits de fiction mais plutôt de questions sur l'autorité, le pouvoir, la représentation, les relations, la légitimation, la liberté, etc. En refusant de raconter une histoire parlant d'eux-mêmes, de remplir la toile de narration, ces artistes tentent de nous révéler quelque chose sur nous, le public. Nous ne sommes pas transportés dans des scènes imaginaires, des scénarios narcissiques, mais invités à remplir l'espace immédiat entre nous et la peinture.

But such distinctions force the artists into categories
that limit their works and our experience of them
and contradict the deepest legacy of their work: to look
at art, and painting in particular, as a tool for
developing our own view on reality.

Regrouper ces artistes en fonction de thèmes particuliers, comme la relation entre le support et la surface ou entre la peinture et le contexte, aurait sans doute facilité et simplifié votre lecture. Mais de telles distinctions confinent les artistes dans des catégories réductrices qui limitent leurs œuvres tout comme notre expérience de ces œuvres; elles vont à l'encontre de leur héritage artistique le plus profond: considérer l'art en général, et la peinture en particulier, comme un outil pour développer notre propre vision de la réalité.

Vincent Pécoil

«Painting begins with …»

Certains seraient sans doute tentés de qualifier de «conceptuelle» l'orientation de la collection réunie ici. Ce que l'on a appelé
ainsi, historiquement, était une forme d'art où les mots jouaient
un grand rôle: soit sous forme de *statement* précédant l'œuvre,
soit comme une fin (une œuvre) en soi. Dans cette collection,
par contre, il n'y a pas de mots. Faudrait-il comprendre, alors,
que les tableaux ou les objets de la collection ont ceci de
«conceptuel» qu'ils représentent une forme d'art privilégiant les
idées? Premièrement, objectera-t-on, ce serait faire injure à l'art
du passé que d'attribuer l'invention des idées en art à l'art
conceptuel. Et d'autre part, des idées qui se regardent ne sont
plus exactement des idées, mais des choses, ou des formes; et
il y a toujours en définitive quelque chose à regarder dans une
œuvre conceptuelle, ne serait-ce que le carton d'invitation à une
exposition qui n'existe pas, ou le certificat d'authenticité d'une
œuvre invisible. Après tout, les mots se regardent aussi. Mais
les artistes dont les œuvres sont réunies ici ne se paient pas
de mots, et proposent quelque chose d'autre à regarder. Et ce
qu'ils proposent, en majorité, ce sont des peintures – des objets
a priori bien éloignés des intentions supposément conceptuelles
qu'on serait tenté de leur attribuer au premier abord.

Vincent Pécoil
"PAINTING BEGINS WITH…"

Certain commentators would probably be tempted to
describe the spirit of the collection brought together
here as 'conceptual'. What used to be historically
thus labeled was an art form in which words played a
leading part, either in the form of statements preceding
the work itself, or as an end (a work) in themselves.
In this collection, conversely, there are no words.
Should we thus understand that the pictures and objects
in the collection are 'conceptual' in so much as they
represent an art form with a penchant for ideas? Firstly,
the objection will be made that to attribute the
invention of ideas in art to Conceptual art would be to
insult past art. And secondly, ideas which are self-
regarding are no longer exactly ideas, but things, or
forms; and there is always definitely something to look
at in a conceptual work, if only the invitation to
an exhibition that does not exist, or the certificate of
authenticity of an invisible work. After all, words
are also self-regarding. But the artists whose works are
brought together here do not deal in words, and offer
something to look at. And what they offer, for the
most part, is paintings–objects *a priori* well removed
from the supposedly conceptual intentions which it might
be tempting to attribute to them at first glance.
    In the late 1960s and early 1970s, there was much
talk about a "dematerialization of the art object",
an expression deemed to describe the development of
artistic practices at that time. The formula was

A la fin des années 60 et au début des années 70, il fut beaucoup question d'une «dématérialisation de l'objet d'art», une expression censée rendre compte de l'évolution des pratiques artistiques de l'époque. La formule est de l'historienne et critique Lucy Lippard, témoin directe – et actrice – de cette révolution, et qui publia un livre portant ce titre.

«L'atelier redevient une étude. Une telle tendance semble provoquer une dématérialisation profonde de l'art, en particulier de l'objet d'art, et si cette tendance perdure, elle pourrait déboucher sur l'obsolescence de l'objet»[1].

Toutefois, au même titre que la réplique la plus célèbre de *Casablanca* («Play it again, Sam») n'est jamais prononcée dans le film, on peut se demander si en art également, les mythes n'auraient pas la vie plus dure que la réalité (ou plutôt que sa fiction), et dans quelle mesure cette «dématérialisation» a bien eu lieu. Lippard le reconnaît elle-même, d'une certaine façon, lorsqu'elle s'interroge sur le degré de dématérialisation de cet art.

«Nous ne savons pas encore jusqu'où l'on peut aller vers le «rien». Est-on parvenu à un point zéro ultime avec les peintures noires, les peintures blanches, les tubes néons, le film transparent, les concerts silencieux, la sculpture invisible, ou quelque autre des projets mentionnés auparavant? Cela semble peu vraisemblable»[2]

---

1 Lucy Lippard & John Chandler, fin 1967, publié dans *Art International* en 1968 (février, pp 31-36)
2 Lippard, op. cit.

coined by the art historian and critic Lucy Lippard,
a firsthand witness who was involved in that revolution,
and published a book with this title:

"The studio is again becoming a study. Such a trend
appears to be provoking a profound dematerialization
of art, especially of art as object, and if it continues
to prevail, it may result in the object's becoming
obsolete [...][1].

However, by the same token whereby the most famous
rejoinder in the movie *Casablanca* ("Play it again, Sam")
is never actually uttered in the film, we may well
wonder if in art, likewise, myths might not have a harder
time of it than reality (or rather its make-believe
version), and to what degree this "dematerialization"
has taken place. Lippard recognizes as much herself, in
a way, when she asks herself about the degree of dematerialization of this art.

"We still do not know how much less 'nothing' can be.
Has an ultimate zero point been arrived at with black
paintings, white paintings, light beams, transparent
film, silent concerts, invisible sculpture, or any of the
other projects mentioned above? It hardly seems likely"[2].

Otherwise put, there is zero, and something below
zero; in art, absolute zero does not exist, or at least
that negative degree based on which the glaciation
of meaning occurs remains out of reach, even if its
theoretical existence is assessed. Like songs played over

1   Lucy Lippard & John Chandler, late 1967, published in
    Art International (February 1968, pp. 31-36).
2   Lippard, op. cit.

Autrement dit, il y a le zéro, et quelque chose en-dessous de zéro;
en art, le zéro absolu n'existe pas, ou du moins, ce degré négatif
à partir duquel la glaciation du sens se produit demeure hors
d'atteinte, même si son existence théorique est supputée. Comme les chansons jouées encore et encore, la dématérialisation
est rejouée sans cesse, plus immatérielle que la précédente.

Le livre de Lippard *Six Years...* n'est pas seulement une compilation de *statements,* c'est aussi un répertoire d'*objets* photo-
graphiés très divers. En fait, comme l'a souligné le critique d'art
Bob Nickas, ce qui était dématérialisé dans cette histoire n'était
pas tant les objets en général qu'un certain type d'objets, à savoir
les objets peints[3]. Dans son compte-rendu de «0 objects, 0 painters, 0 sculptures...» (une exposition d'art conceptuel organisée
par Seth Siegelaub à New York en 1968) et intitulé «Painting Is
Obsolete», Gregory Battcock insistait déjà sur ce point[4]. Fonda-
mentalement, la peinture a été rejetée par les artistes dits
«conceptuels» parce que le médium était porteur d'illusion, de re-
présentations fausses; vecteur idéologique bourgeois, elle se
devait d'être abandonnée.

Comme l'a très justement fait remarquer Bob Nickas, ce ne
sont pas des objets ou des styles particuliers – «peinture» ou
«sculpture» – qui disparaissent, *mais les objets de notre attention.* Il n'y a jamais eu de «rematérialisation», tout simplement
parce que la dématérialisation de l'art était une vue de l'esprit (au

---

3 Robert Nickas, «Entropy and the New Objects», *El Paseante* n° 10, 1988. Repris in
Vivre libre ou mourir, Les Presses du réel, Dijon.
4 Gregory Battcock, «Painting is Obsolete», *New York Free Press,* 23 January 1969, p. 7.

and over, dematerialization is endlessly replayed,
more immaterial than the one before. Lippard's book
The Dematerialization of the Art Object… is itself not
just a compilation of statements; it is also a repertory
of very varied photographed objects. Actually, as is
emphasized by the art critic Bob Nickas, what was demate-
rialized in that history was not so much objects in
general as a certain type of objects, to wit, painted
objects[3]. In his report on *0 objects, 0 painters,
0 sculptures…* (a conceptual art show organized by Seth
Sieglaub in New York in 1968) and titled *Painting is
Obsolete*, Gregory Battock already stressed this point[4].

Essentially, painting was rejected by so-called
'conceptual' artists because the medium was a conveyor of
illusions and phoney representations; a bourgeois
ideological vector which had to be dropped. As has
been very aptly noted by Bob Nickas, it is not specific
objects and styles–'painting' and sculpture–which
vanish, but objects in our attention. There has never
been a 'rematerialization' quite simply because the
dematerialization of art was a mental view (and a very
interesting one, to boot), and not a physical phenomenon.
And among the facts that readily elude our attention,
we should single out the intriguing one which is that
many of the 'conceptual' artists started out their

3   Bob Nickas, 'Entropy and the New Objects',
     El Paseante no. 10, 1988. Reprinted in *Live Free or Die*,
     Les Presses du réel, Dijon.
4   Gregory Battock, 'Painting is Obsolete', *New York Free Press*,
     23 January 1969, p.7.

demeurant très intéressante), et non un phénomène physique. Et parmi les faits qui échappent volontiers à notre attention, il faut relever celui, intrigant, qui est que parmi les artistes «conceptuels», beaucoup avaient commencé leur carrière en réalisant des peintures – Robert Barry, mais aussi Lawrence Weiner, Joseph Kosuth, Ian Wilson étaient peintres avant de faire des mots leur matériau; ce point a fait récemment l'objet d'une exposition en forme de rappel organisée par Olivier Mosset [5].

«Nous ne sommes pas peintres», comme le proclamaient Daniel Buren, Olivier Mosset, Michel Parmentier et Niele Toroni, peut sembler être une drôle de façon de se présenter. Les boulangers ne se présentent pas en tant que «non-charcutiers». Pour quelle raison un artiste se définit-il par un médium qu'il n'emploie pas? Pourquoi ce déni, et quel est son enjeu? Ce que signale cette étrange formulation, c'est peut-être que ça n'est pas tant la peinture qui est rejetée, ici, qu'une manière de la concevoir. Ne plus en faire, paradoxalement, a pour ambition d'en faire *enfin*. Peut-être alors que dire «Nous ne sommes *plus* peintres», est une façon de dire «nous sommes *encore* peintres», comme le suggère un autre statement des quatre artistes: l'art est illusion – illusion de la présence, du sacré, une distraction fausse, à laquelle s'oppose la peinture de Buren, Mosset, Parmentier et Toroni [6]. On dit les deux, finalement; nous ne sommes pas (ou plus) peintres,

5 «Before the End», Le Consortium/L'Usine, Dijon, 2004. catalogue de l'exposition édité aux Presses du réel, Dijon.
6 Buren, Mosset, Parmentier, Toroni, déclaration de septembre 1967, reprise in *Six Years* ... p. 30.

careers producing paintings–Robert Barry, as well as
Lawrence Weiner, Joseph Kosuth and Ian Wilson were all
painters before adopting words as their material;
this point was recently the topic of an exhibition in
the form of a reminder organized by Olivier Mosset[5].

"We are not painters", as Daniel Buren, Olivier
Mosset, Michel Parmentier and Niele Toroni declared, may
seem an odd way of introducing yourself. Bakers do not
introduce themselves as 'not-butchers'. Why does an
artist define him/herself by a medium which he/she does
not use? Why, then, this denial, and what is a stake?
What is the challenge? What this strange formulation
indicates is perhaps that it is not so much painting that
is being rejected here, as a way of conceiving of it.
No longer painting, paradoxically, involves the
intention of making paintings, in the end of the day.
So perhaps saying "We are no longer painters" is a way of
saying "We are still painters", as suggested by another
statement put out by these four artists:

"Art is the illusion of disorientation, the illusion
of liberty, the illusion of presence, the illusion
of the sacred, the illusion of Nature… Not the painting
of Buren, Mosset, Parmentier or Toroni… Art is a distraction, art is false. Painting begins with Buren,Mosset,
Parmentier, Toroni"[6]. In the end both utterances are

5   *Before the End*, Le Consortium/L'Usine, Dijon, 2004,
    exhibition catalogue published by Les presses du réel, Dijon.
6   Buren, Mosset, Parmentier, Toroni, 'Statement',
    republished in Lippard, *Six Years, The Dematerialization of the
    Art Object from 1966 to 1972…*, p.30.

cela signifie: nous le sommes *enfin*. Enfin une peinture sans sujet, sans expression – enfin une peinture *objective*.

Et donc, si quelque chose comme «la peinture conceptuelle» n'existe pas, ou en tous cas semble être une contradiction dans les termes, l'intérêt de certaines œuvres ici réunies tourne implicitement autour des problèmes afférents à cette appellation paradoxale. Paradoxe, ou abus de langage, puisque ceux qui faisaient de l'art conceptuel (et qui parfois refusaient ou se méfiaient, en tous cas, de ce terme), ne voulaient plus faire de peinture. Mais justement tout est dans cette nuance: «ne voulaient *plus*», et non pas «ne voulaient *pas*», de même que ceux qui leur succèdent aujourd'hui, d'une autre génération, en font encore tout en rejetant ses procédés et ses présupposés traditionnels. «Nous ne sommes pas peintres» et «la peinture commence avec nous», les deux formules ne sont pas si antinomiques, pour peu que l'on entende la première en un sens particulier: fin des illusions, commencement de l'objectivité réelle – qui ne saurait exclure de son champ tout ce qui est en-dehors du tableau, qui le fait exister et percevoir comme tel. Et c'est bien en cela que cette pratique-là, de peintres, rejoint l'ambition de ceux qui furent appelés «conceptuels» auxquels on les a associés: un art ayant pour ambition de déplacer l'attention du regardeur de l'œuvre elle même à son cadre contextuel – cadre physique *et* discursif.

made; we are no longer painters means, in the end, that we are painters. A painting that is subjectless and expressionless—an objective painting, when all is said and done.

And so, if something like 'conceptual painting' does not exist, or in any event seems to be a contradiction in terms, the interest of some of the works brought together here revolves implicitly around problems attendant upon this paradoxical nomenclature. A paradox, or a misuse of language because the people who produced conceptual art (and who sometimes rejected the term, or in any event mistrusted it), no longer wanted to make paintings. But as it happens, everything resides in this nuance: "no longer wanted" and not "did not want", just as those coming in their footsteps today, from another generation, are still doing, while rejecting the traditional procedures and presuppositions. "We are not painters" and "painting begins with us"… these are not contradictory formulae, as long as we take the first statement in a special way: end of illusions, beginning of real objectivity—which does not exclude from its field everything that is outside the picture, which makes it exist and lets it be perceived as such. And it is indeed herein that this particular praxis, of painters, links up with the aim of those who were called 'conceptual' with whom an association has been made: an art whose ambition is to shift the onlooker's attention from the work itself to its contextual framework — a physical and discursive framework.

Cette ambition, c'est l'un des points communs des œuvres assemblées dans la collection BSI, avec leur absence d'expressionnisme; le refus de l'illusion en serait un autre. Seth Siegelaub recourait autrefois à une analogie: la peinture est à l'art conceptuel ce que le roman est au journalisme[7]. Deux conceptions de l'art sont explicitement confrontées: l'art comme information, contre l'art de la fiction – opposition qui en recoupe une plus générale: l'art comme objectivité contre l'art entendu comme production (ou reproduction) de l'illusion. Ainsi, à vrai dire, la différence n'est pas si tranchée entre peintres et conceptuels. Les peintures de Robert Barry de la collection BSI, en sont une parfaite illustration. Information sur le lieu, et la peinture elle-même, en tant qu'objet, elle ne rompt pas avec l'une des aspirations historiques de l'art abstrait, qui était d'être «objectif». Cette objectivité porte sur le médium lui-même, l'objet de l'art, mais aussi son contexte physique. Bizarrement, aujourd'hui, ce serait plutôt de ce côté (celui de la peinture, ou plus exactement du «tableau», entendu comme classe générique) qu'il faut aller chercher les conceptuels, et du côté de la vidéo ou de la photographie que l'on trouvera le sujet et ses cortèges d'illusions.

Sol LeWitt disait que l'idée est une «machine qui fait de l'art»; Wade Guyton semble avoir pris cette idée au pied de la lettre. Ses peintures n'en sont pas (ou *plus*) vraiment: elles sont imprimées, produites mécaniquement par une imprimante à jet d'encre.

---

7   Michel Claura & Seth Siegelaub, «L'art conceptuel», conversation in *XXe siècle,* n° 41, décembre 1973, pp. 156-159.

This ambition is one of the shared points of the works brought together in the BSI collection, with their absence of Expressionism; the refusal of illusion is another such point. Seth Sieglaub used to use an analogy: painting is to conceptual art what the novel is to journalism[7]. Two conceptions of art are explicitly compared: art as infomation, versus the art of fiction – a contrast which tallies with another more general one: art as objectivity versus art understood as production (or reproduction) of illusion. So, if the truth be told, the difference is not so clear-cut between abstract painters and conceptual artists. The paintings of Robert Barry in the collection, here, are a perfect illustration of this. As information about place, and the painting itself, as object, it does not break with one of the historical aspirations of abstract art, which was to be 'objective'. This objectivity has to do with the medium itself, the art object, as well as its physical context. Nowadays, oddly enough, it is rather in this direction (of painting, or more precisely of the 'picture', understood as a generic class) that we should head to look for the conceptual artists, and in the direction of video and photography that we will find the subject and its processions of illusions.

Sol LeWitt used to say that the idea is a machine that makes art; Wade Guyton seems to have taken this idea quite literally. His paintings are not (or no longer) really paintings: they are printed, mechanically

7   Michel Claura & Seth Sieglaub, 'L'art conceptuel', a conversation in *XXe siècle*, no. 41, December 1973, pp. 156-159

L'application régulière, presque mécanique, normée, de la peinture par Niele Toroni devient avec Guyton une production (ou une oblitération) littéralement mécanique de l'objet-tableau. De son côté, Stéphane Dafflon, avec *PM052* (2007) propose une peinture murale en forme de nuancier, déployé irrégulièrement en éventail. Les formes rappelent celles d'un nuancier de couleurs de type Pantone ou RAL – une palette industrielle. La couleur appliquée sur les murs évoque en même temps son application potentielle (application au double sens de déposer, et du terme générique pour logiciel, et donc des nouvelles modalités du recouvrement). De même que l'invention du tube de peinture avait permis la révolution impressionniste, la peinture de Dafflon intègre dans sa conception la révolution industrielle de son temps. La « machine qui fait de l'art » de LeWitt y devient une application du « process » industriel. Le fait que les aplats de couleurs reprennent la forme des languettes des nuanciers contemporains suggère une application « telle quelle » de la couleur, écho lointain de l'audace des Fauves se servant de la peinture sortie du tube, sans mélange. A cette référence picturale se mêle toutefois l'ombre de celui qui avait choisi de ne plus faire de peinture, Marcel Duchamp. Duchamp dont les readymade étaient toutefois de l'art à propos de la peinture avant d'être de l'art à propos de l'art, démonstration par l'absurde de l'essence de l'art : l'art c'est faire, et faire c'est toujours choisir – choisir une couleur sur la

produced by an ink-jet printer. The regular almost
mechanical and standardized application of paint by Niele
Toroni becomes, with Guyton, a literally mechanical
production (or an obliteration) of the picture-object.
For his part, Stéphane Dafflon, with *PM052* (2007)
proposes a wall painting in the form of a colour chart,
irregularly displayed like a fan. The forms call to mind
those of a Pantone-type or RAL colour chart—an industrial
palette. Colour applied to walls at the same time
conjures up its potential application (application in
the double sense of depositing and the generic term
for software, and thus of new retrieval methods). Just
as the invention of paint in tubes ushered in the
Impressionist revolution, so Dafflon's painting incorpo-
rates in its conception the industrial revolution of
its day. LeWitt's machine that makes art here becomes
an application of the industrial 'process'. The fact that
flat tint expanses of colour take on once more the form
of the strips of the colour chart suggests an application
'as such' of colour, a distant echo of the boldness
of the Fauves using paint straight from the tube, without
mixing it. This pictorial reference nevertheless links
up with the shadow of the man who chose no longer to
paint, or make paintings—Marcel Duchamp. Duchamp, whose
readymades were nevertheless art in relation to painting
before being art in relation to art, a demonstration,
by way of the absurd, of the essence of art: art is
making, and making always involves choosing—choosing
colour on the palette, applying it to such and such
a place on the canvas, then choosing another and applying

palette, l'appliquer à tel endroit sur la toile, en choisir une autre et la déposer à tel autre endroit ... Tant qu'à faire, autant ne rien faire et choisir des objets tout faits.

Autant choisir des couleurs «brutes» (Dafflon), des images toutes faites (Guyton), y compris quand ce sont des *images* d'abstraction (Pumhösl), ou choisir l'image de la peinture pure (les monochromes de Steven Parrino). La série des tableaux de Pumhösl souligne un problème pour n'importe quel peintre «abstrait» aujourd'hui, qui est que n'importe quelle forme abstraite fait déjà partie des formes utilisées et répertoriées dans les livres d'art, et, à ce titre, a basculé paradoxalement dans une imagerie devenue objet d'étude, «modernologie». Les *printer paintings* sont pour Guyton d'une manière personnelle de se confronter à cette situation culturelle qui est celle du basculement de l'abstraction en imagerie – de sa transformation en *printed matter,* en «matière imprimée». Seule à ne pas être abstraite, la peinture de Loris Gréaud est une image sans sujet; ce dernier (une photographie) a été délibérément détruit. Le «sujet» en peinture se justifiait (c.-à-d. la reproduction d'un objet en peinture se justifiait) du temps que celle-ci était le seul expédient connu pour en former une image. En faisant disparaître l'image-source photographique, la peinture retrouve une justification, qui est un semblant, façon de dire aussi qu'elle l'a toujours été. John Armleder et Bertrand Lavier partent, eux, de ce qui semble être l'Autre de l'art abstrait,

it to another place… While you're at it, you might as
well do nothing, and choose ready-made objects.

    You might as well choose 'raw' colours (Dafflon), and
ready-made images (Guyton), including when they are
images of abstraction (Pumshösl), or the image of pure
paint (Steven Parrino's monochromes). Pumhösl's series
of paintings underscore a problem for any old 'abstract'
painter today, which is that any old abstract form is
already part of the forms used and listed in art books,
and, by this token, has paradoxically tipped over into
an imagery become object of study–'modernology'.
For Guyton, the printer paintings are a personal manner
of dealing with this cultural situation of tipping from
abstraction to imagery–from transformation into printed
matter. Loris Gréaud's painting, the only one that is
not abstract here, is a subjectless image, a photograph
that has been intentionnally destroyed. The "subject"
as painting was justified (i.e. the reproduction of an
object as painting was justified) from the time that this
latter was the sole known expedient for forming an
image thereof. By making the photographic source-image
disappear, the painting regains a justification, but this
justification is a semblance, not say sham - a way of
saying, too, that it (painting) has always existed: as a
semblance or sham). John Armleder and Bertrand Lavier
start out from what seems to be the Other of abstract
art, its flipside, to make painting. Lavier uses a
printed fabric as surface, and medium, limiting himself
to partly covering the picture's surface by following
the printed pattern. John Armleder mixes furniture with
a form of abstract painting, reinstating a personal

son envers, pour faire de la peinture. Lavier se sert d'un tissu imprimé comme support, se contentant de recouvrir partiellement la surface du tableau en suivant le motif imprimé; John Armleder mêle du mobilier à une peinture abstraite, reconstituant un salon de peinture personnel. Peinture «d'ameublement», comme on dit de la musique d'ameublement, son abstraction pointe la destination finale de la peinture abstraite à la fin du XXe siècle: être un objet décoratif décorant un salon, comme si son travail partait du constat que c'est l'industrie culturelle, plutôt que l'avant-garde artistique elle-même, qui avait accompli le vieux rêve moderniste d'une fusion de l'art et de la vie quotidienne, disparaissant au passage dans cette intégration. C'est dans ce court-circuit entre l'idée et la réalisation – prendre le chemin le plus court pour parvenir à la réalisation de l'idée artistique, et en faisant l'économie du «faire» –, que se rejoignent les artistes dont le travail est réuni dans la collection BSI, aussi disparates puissent-ils sembler au premier abord. L'abstraction qui est en jeu est ici, à chaque fois, une abstraction «impure», ou abstraction «trouvée», toute faite.

painting 'salon'. As 'furnishing' (or decorative) painting, in the sense of (Satie-esque) furnishing or decorative music, its abstraction focuses on the final destination of the abstract painting of the late 20th century: being a decorative object decorating a 'salon', as if his work started from the fact that it is the culture industry, much more than the artistic avant-garde itself, that fulfilled the old modernist dream of a merger between art and humdrum, disappearing, in passing, into this incorporation. It is in this short-circuit between idea and execution—taking the shortest route to reach the realization of the artistic idea, and saving on the "making"—that there is linkage between the artists whose work is bought together in the BSI collection, no matter how disparate they may seem at first glance. The abstraction which is involved here is mostly an 'impure' abstraction, a 'found' abstraction, ready-made.

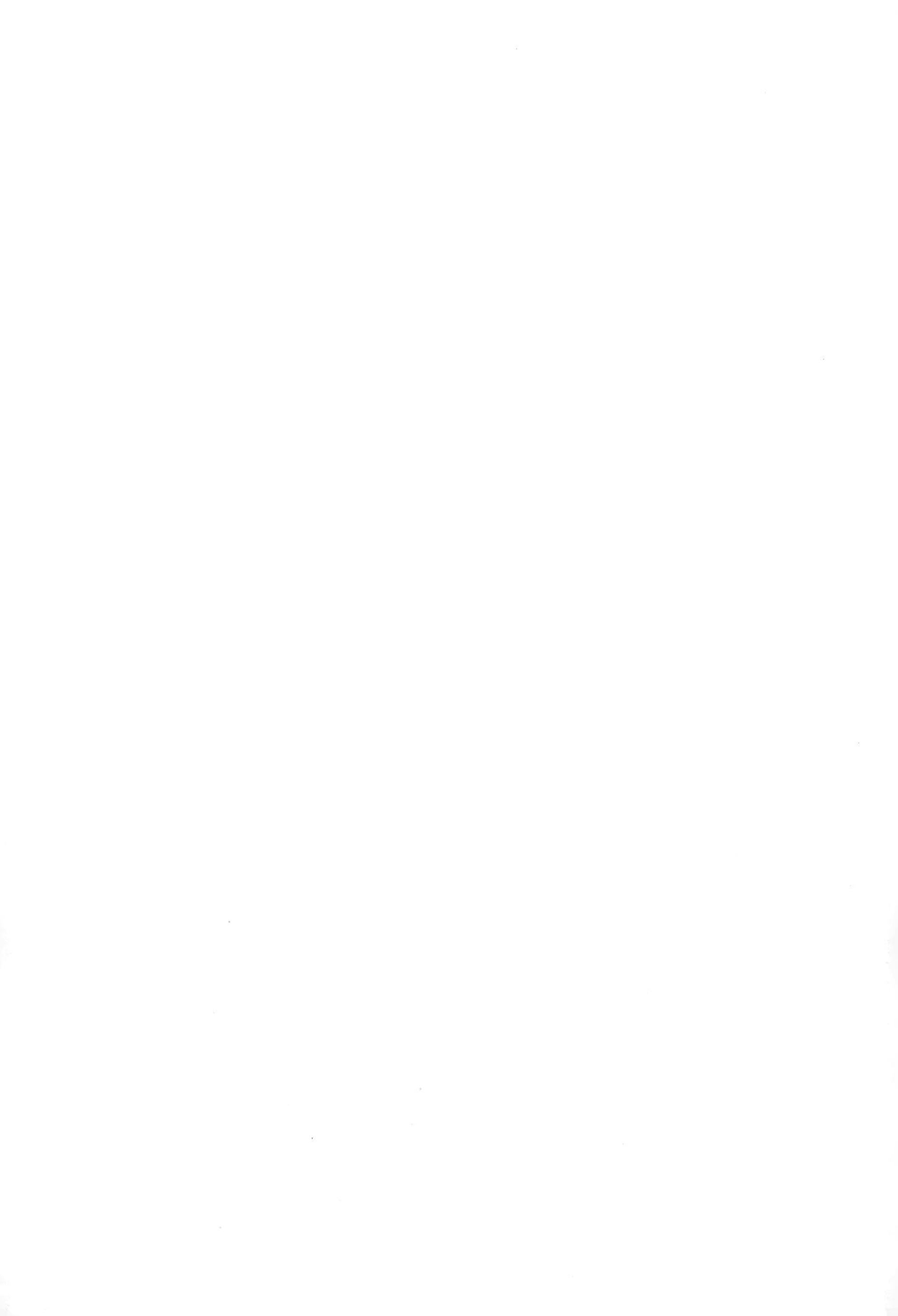

Bertrand Lavier

—

Stresa n.1

Acrylique sur toile · Acrylic on canvas
144 × 224 cm · 2005

Niele Toroni

—

J'ai deux amours,
mon pays et Paris

Empreintes de pinceau n°50 à intervalles réguliers
de 30 cm · Imprints of a n°50 paintbrush
repeated at regular intervals of 30 cm
Deux toiles (2004) et interventions murales
Two canvases (2004) and mural installations
2007

Stéphane Dafflon

—

PM052

Peinture murale acrylique · Acrylic painting
on wall · Dimensions variables · Variable
dimensions · 2007

Daniel Buren

—

Peinture aux
formes indéfinies

Peinture sur toile de coton, bandes blanches et
orange alternées et verticales · Painting on cotton
canvas, white and orange stripes alternated
and vertical · 62 × 95,5 cm · 1966

—

Peinture sur peinture

Peinture acrylique blanche sur Plexiglas
White acrylic paint on Plexiglas
peinture acrylique sur paroi · acrylic paint
on wall · Plexiglas: 130,5 × 130,5 cm · 1991

—

Peinture sur peinture

Peinture acrylique noire sur Plexiglas · Black acrylic
paint on Plexiglas · peinture acrylique sur paroi
acrylic paint on wall · Plexiglas: 130,5 × 130,5 cm
1991

Robert Barry

Untitled
—
Acrylique sur toile · Acrylic on canvas
101,6 × 127 cm · 1965

Untitled
—
Diptyque · Diptych · Acrylique sur toile · Acrylic on
canvas · 41 × 41 cm (×2) · 1967

John Armleder

Untitled
—
Acrylique sur toile, deux banquettes · Acrylic on
canvas, two benches · 249,5 × 149,5 cm · Banquettes
Benches · 106 × 55 × 80 cm · 66 × 55 × 80 cm · 1986

FS 221
—
Acrylique sur toile, néons · Acrylic on canvas,
neon lights · 275 × 125 cm · 1989

Florian Pumhösl

Untitled
—
Peinture sous verre · Painting behind glass
85,4 × 61,7 cm · 2005

Modernologie 07
—
Laque acrylique sous verre · Acrylic lacquer
painted behind glass · 42 × 31 cm · 2007

Modernologie 08
—
Laque acrylique sous verre · Acrylic lacquer
painted behind glass · 42 × 31 cm · 2007

Modernologie 11
—
Laque acrylique sous verre · Acrylic lacquer
painted behind glass · 33 × 24 cm · 2007

Manfred Pernice

Untitled
—
Bois et différents matériaux · Wood and different
materials · 263 × 63 × 63 cm · 2007

Loris Gréaud

Eye of the duck –   —
Tomorrow right now   Crayon sur papier calque, altuglass · Pencil on
(with Didier Ghislain)   tracing paper, Plexiglas · 37 × 48 cm · Unique
                                     2005

Eye of the duck –   —
Ersat Z hyperreality   Huile sur toile · Oil on canvas · 117,5 × 87,5 cm
substitute paintings   Unique · 2007

Steven Parrino

                                     —
Entropia Derelict   Email sur toile · Enamel on canvas · 46 × 46 cm · 1995

Wade Guyton

                                     —
Untitled   Impression jet d'encre Epson Ultrachrome sur toile
                                     Epson Ultrachrome inkjet on linen · 101,6 × 91,4 cm
                                     2007

BSI Art Collection · Lugano
Via Magatti 2 · 6900 Lugano
Switzerland
Conservateur · Curator · Luca Cerizza
Coordination · Coordination
Gäelle Métrailler
Silvia Panerai · Raffaele Züger
Contact · Contact
bsi-art-collection@bsibank.com
www.bsibank.com

Edité par · Edited by · Luca Cerizza
Textes · Texts
Luca Cerizza · Vincent Pécoil
Traductions · Translation
CLS Communication AG, Zürich
Révision des textes anglais
Editing English texts
Federica Masante
Révision des textes français
Editing French texts
Thérèse Manconi, Manuela Cohen
Projet graphique et mise en page
Visual Concept and graphic design
Michael Heimann · groenland.berlin
Production · Production
Stampa Musumeci Spa, Gruppo PCL,
Lausanne
Séparation des couleurs
Colour Separation
Markus Hannes, Berlin
Crédits photographiques · Photo Credits
Agostino Osio
Remerciements · Thanks to
Jennifer Allen

Nombre de copies · Number of copies
    1500
Edition · Edition · 2008

© 2008 BSI Art Collection

Distribution · Distribution
    JRP | Ringier
    Letzigraben 134
    8047 Zurich
    Switzerland
    T +41 (0)43 311 27 50
    F +41 (0)43 311 27 51
    info@jrp-ringier.com
    www.jrp-ringier.com

ISBN: 978-3-905829-23-5

Imprimé par Musumeci S.p.A.,
Groupe PCL, Lausanne.

De la même série
In the same series

All Around All
ISBN: 978-3-905701-51-7

John Armleder
ISBN: 978-3-905701-46-3

Robert Barry
ISBN: 978-3-905701-48-7

Daniel Buren
ISBN: 978-3-905701-49-4

Tony Cragg
ISBN: 978-3-905701-91-3

Liam Gillick
ISBN: 978-3-905701-47-0

Alex Katz
ISBN: 978-3-905770-79-7

Maps and Legends
ISBN: 978-3-905829-13-6

Daniel Roth
ISBN: 978-3-905701-92-0